AF218819

Sehr geehrte Leserinnen und Leser,

das folgende Buch „Ewiger Orgasmus" ist urheberrechtlich geschützt.

Das Urheberrecht liegt bei mir Thomas Spiegl.

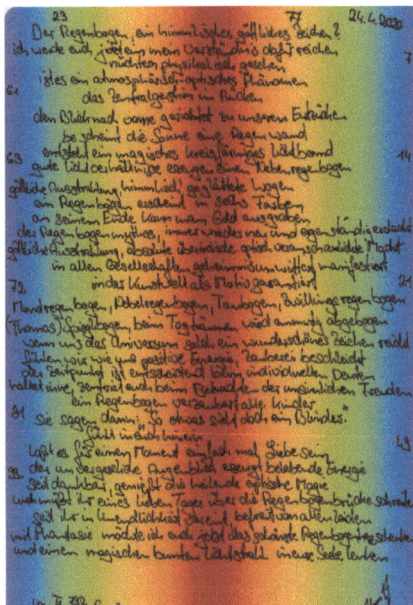

Der Regenbogen, ein himmlisches göttliches Zeichen?
ich werde euch jetzt ein, mein Verständnis dafür reichen
nüchtern physikalisch gesehen
ist es ein atmosphärisch-optisches Phänomen
das Zentralgestirn im Rücken
den Blick nach vorne gerichtet zu unserem Entzücken
bescheint die Sonne eine Regenwand
entsteht ein magisches kreisförmiges Lichtband
gute Lichtverhältnisse erzeugen einen Nebenregenbogen
in farblich umgekehrter Reihenfolge, himmlisch' geglättete Wogen
ein Regenbogen erscheint in sechs Farben
an seinem Ende kann man Gold ausgraben
der Regenbogenmythos, immer wieder neu und eigenständig erdacht
göttliche Ausstrahlung, absolute überirdische optischveranschaulichte Macht
in allen Gesellschaften geheimnisumwittert manifestiert
in der Kunstwelt als Motiv garantiert
Mondregenbogen, Nebelregenbogen, Taubogen, Zwillingsregenbogen
Spiegelbogen, beim Tag träumen wird anmutig abgebogen
wenn uns das Universum solch ein wunderschönes Zeichen reicht
fühlen wir wie uns positive Energie, Zauberei beschleicht
der Zeitpunkt ist entscheidend beim individuellen Deuten
haltet inne, zentriert euch beim Betrachten der übersinnlichen Freuden
ein Regenbogen verzaubert alle Kinder
sie sagen dann: „So etwas sieht doch ein Blinder"
fühlt in euch hinein
laßt es für einen Moment einfach mal Liebe sein
der unvergessliche Anblick erzeugt belebende Energie
seit dankbar, genießt die heilende optische Magie
und müßt ihr eines lieben Tages über die Regenbogenbrücke schreiten
seit ihr in Unendlichkeit vereint, befreit von allen Leiden
mit Phantasie möchte ich euch jetzt das schönste Regenbogenherz schenken
und einen magischen bunten Lichtstrahl in eure Seele lenken

Ich wünsche gute Unterhaltung.
Stand 23.7.21 Thomas Spiegl
51063 Köln-Mülheim
magischer-dichter777@web.de

Impressum
Herstellung und Verlag:
BoD-Books on Demand, Noderstedt
Copyright 2021 /
Thomas Spiegl ISBN: 9783754327623

Liebe Johanna, sollten sich unsere Seelen vereinen
werden alle Wasserfälle weinen
unsere Liebe verursacht das stärkste Erdbeben
7 wir werden die Stimmung mächtig heben   61
es entsteht der größte Wirbelsturm
ich bau meiner Prinzessin ein Schloß mit Aussichtsturm
das Nordlicht, die Aurora reicht bis zum Äquator
der verliebte Thomas zaubert aus vollem Rohr
14   die Erde kommt aus der Umlaufbahn   63
vor lauter Liebeswahn
und beim Frühstücken
werde ich Dir immer den Mond vom Himmel pflücken
die Sonne kommt ins Schwitzen
wenn wir vor Liebe überhitzen
21   die Milchstraße dreht sich schneller
Supersterne explodieren noch heller   72
selbst das Universum kommt ins Wanken
jetzt öffnen sich alle Dämme, heben sich alle Schranken
Raum und Zeit, alle Dimensionen vereinen sich
absolut perfekte Seelenverwandtschaft unterm Strich
für Dich lege ich überall den schönsten Regenbogenteppich aus
und jetzt machen wir etwas Superschönes draus
28   ich möchte es mir einfach erlauben
unendlich und ewig an Dich zu glauben (034)   81
ich bin vor lauter Liebe wie benommen
ich seh' schon alles verschwommen
Liebe Prinzessin Johanna, Dich gibt es nur im Quartett
ich find's nett
49   mir wird jetzt ganz warm um's Herz   99.
das Gedicht ist der Welten schönste Liebeserklärung und kein Scherz
Liebe Johanna ich durfte es mir von der Seele schreiben
und du würdest in meinem Leben lange bleiben
wünschte
von Thomas Frei für die Prinzessin Johanna
732   821

Die Augen weit aufgerissen, eine schwarzweiße Figur aus Steinen und Zementputz im erschrocken Blick. Die kunstvolle Figur ist fast zwei Meter groß mit ihren furchteinflößenden Augen, sie steht am Eingang von einem Sandkasten, indem einige Kinder spielen. Der kleine Luis war zu neugierig und hat die Gegenwart seiner Mutter eingetauscht, um die spielenden Kinder aus der Nähe zu betrachten. Die Mutter Johanna war mit dem Wäsche aufhängen beschäftigt und hatte ihren zweijährigen Jungen in Sichtweite. Luis fühlte starke Angst und wollte zurück zu seiner Mutter, sie hatten Blickkontakt was ihn ermutigte zu bleiben und sich zu den spielenden Kindern im Sandkasten zu setzen. Die Kinder, die ihn freundlich ihre Mitte aufnahmen, waren alle etwas älter als er selbst. Der siebenjährige Nachbarsjunge Noah nahm Luis unter seinen Schutz. Luis war mit seinem freundlichen Wesen schnell beliebt, er war zurückhaltend und brauchte ein einige Zeit, um den anderen Kindern zu vertrauen. Der tägliche Gang zum Sandkasten mit der Mutter Johanna wurde dann zum vergnügten abenteuerlichen Ritual. Es gab zwei Sandkästen einen oben direkt vor der Haustür und einen etwas weiter unten, dafür musste man die Straße überqueren. Eines Tages saß die Mutter Johanna mit ihrem Sohn Luis im unteren Spielplatz im Sandkasten und lernte ihre Busenfreundin Heidi mit ihrer Tochter Andrea kennen. Der Vater und Ehemann von Johanna, der zuverlässige Andreas war als Soldat im mittleren Rang in der nahen Kaserne tätig. Andreas war, bis Luis sechs Jahre alt war, laut der Mutter Johanna, ein guter Vater. Luis liebte seinen Vater, wie alle Kinder, aber da man als Soldat herzlose lieblose Entscheidungen treffen muss, wurde der Kasernenhofton mit nach Hause getragen. Andreas meinte man müsse Jungs abhärten, nachdem er selbst in seiner Kindheit gequält wurde, war die Hemmschwelle niedrig genauso zu schlagen, laut zu werden, einzuschüchtern. Wahrheit, Gerechtigkeit und Freiheit zu beschneiden, ohne die Dinge oder das Benehmen zu hinterfragen. Nach dem Motto: „Der Stärkere besiegt den Schwächeren". Und das ist ganz gewiss nicht so wenn man in die Natur schaut. Wasser zum Beispiel trägt ganze Gebirge ab, mit Geduld und viel Zeit, aber unumstößlich gewaltig nachhaltig, Stein für Stein. Meter um Meter. Die Eltern von Luis sind, 1946 der Vater und 1950 die Mutter nach dem Großen Krieg, den alle Menschen verloren haben, in Bayern/ Unterfranken geboren. Andreas in Gemünden am Main, wo auch Luis 23 Jahre später geboren werden sollte. Die Mutter Johanna lebt ihre Kindheit, bis sie mit 18 Jahren in dem nahen Dorf Karsbach den Andreas heiratete. Mit 19 Jahren gebar sie in Gemünden am Main Luis, ihr erstes Kind, am 21.7.1969 um 13:21 Uhr. Der erste besorgte Blick galt nicht der Gesundheit des Jungen, das alles dran ist, sondern ob er rote Haare hat. Es gab einen Onkel Heinz, der „rote Hinzer", mit seinen roten Haaren wurde er von Johanna oft verspottet. Es gab zwei Omas und zwei Opas. In Karsbach den Opa Benno und die Oma Anna, in Gemünden am Main, die Oma Ella und den Opa Franz. Von der Statur her ging Luis in die Richtung von Opa Franz. Der arme Kerl wurde mit gerade mal mit 18 Jahren 1941 zum Russlandfeldzug eingezogen und musste bei bis 40 Grad minus im russischen Winter kämpfen. Grausames Leid, kaum vorstellbar das ein Mensch so etwas aushält, musste er gezwungener Maßen über sich ergehen lassen. Eine so gequälte Seele gibt das erduldete Leid, ohne nachzudenken weiter, weil kein Aufarbeiten möglich war. Andreas musste einige Male in seiner Kindheit auf Holzscheiden knien und als er nach Minuten vor Schmerzen bewusstlos umfiel wurde er noch brutal ins Gesicht geschlagen. Das herzlose Kriegsgeschehen, das Angsttrauma das unweigerlich daraus folgte wird an die nächste Generation weitergegeben, regelrecht eingeprügelt. Gewalt als Selbstverständlichkeit, als Lebensmodel befeuert durch den gierigen Umgang mit Alkohol in einer verdorbenen achtlosen gemeinen Gesellschaft. Keine guten Bedienungen für den kleinen süßen Fratz Luis, um sich gut zu entwickeln und zu gedeihen. Der Überlebenskampf, für den Menschen hier auf der Erde, ist brutal, die Menschen bewegen sich seit Jahrtausenden am Limit. Alles hängt am seidenen Faden, man darf nicht nachlassen in seinen Bemühungen zu überleben. Wenn man die Erde aus dem Weltall betrachtet dann steht dieser wunderschöne Planet in der Ewigkeit und Unendlichkeit, alles bewegt sich mit großer Geschwindigkeit, für die Lebewesen auf der Erde nicht wahrnehmbar.

Und wir einzelnen Menschen nehmen uns so wichtig, wollen alle König sein. Wenn alle alles haben wollen, wie lange soll das noch gut gehen. Anhängig von habgierigen hierarchischen Wirtschaftssystemen, angeführt von politisch korrupten Eliten, wie soll man sich da finden, wo ist der Platz von Luis?

Eine Atmosphäre der Angst ist allgegenwärtig, es scheint kein oder kaum Platz zu sein für kreative freie individuelle Selbstverwirklichung. Zwei oder drei Jahre in der permanenten Obhut der Mutter Johanna, um dann im Kindergarten das erste Mal gefangen gehalten zu werden. Kann man so sehen, muss man aber nicht. Wir werden seit Kindsbeinen von einem Pferch in den nächstgrößeren Pferch weitergereicht. Um zu realisieren in was für eine Welt man geboren wird vergehen oft Jahrzehnte, so manch einer, die meisten werden nie Tiefgang oder Weitsicht in sich tragen. Dabei ist eine tieferes Verstehen der Umwelt doch für alle von Vorteil. Mit unser Wissenschaft und Technik können wir für alle Menschen auf lange Sicht „Wohl sein" herstellen. Statt einer friedlichen Zivilisation, in der auch der kleine Luis eingebettet ist, findet sich eine kriminelle Gesellschaft, die sich selbst unwiederbringlich vernichtet. Die Erde entsorgt jetzt den Menschen, diese wunderbare Welt stürzt für Million Jahre in einen blutigen furchteinflößenden unbelebbaren Abgrund. Wir leben in einem Gleichgewicht des Schreckens, nur weil da draußen Atomwaffen stehen greift keiner den anderen an. Und mit der angeblich friedlich genutzten Atomenergie schaufeln wir uns unser eigenes Grab.

Keine Maus baut sich eine Mausfalle, der Mensch die Krone der Schöpfung versagt auf ganzer Linie.

Im Jahr 1971, am 28.September wird die Schwester Estelle in

Hammelburg geboren, Luis liebte trotz Eiferversuchtsattaken seine jetzt zwei Jahre jüngere Schwester sofort über alles. Sie mussten sich ein Zimmer teilen und wurden von der Mutter Johanna rund um die Uhr gut versorgt. Vater Andreas liebt die Schwester Estelle schnell mehr als Luis. Estelle war etwas schwächlich in Gegensatz zu Luis, der Vater Andreas legte seine schützende Hand über Estelle und verlor, obwohl er versuchte gerecht zu sein den Blick für Luis. Mutter Johanna war sehr belesen, in ihrer Schule war sie stets die Beste, gerade in Deutsch. Sie hat früh Spaß daran gefunden sich Wissen anzueigen, sie wusste instinktiv das eine gute Bildung der Grundstein für das Erwachsenenalter ist. Sie war das vierte von fünf Kindern, drei Mädchen und zwei Jungs. Es zog sie oft ins Dorf hinaus, sie liebte es frei zu sein. Eines lieben Tages kaufte die Mutter Anna, die Oma von Luis ein Buch, das alles veränderte. Der neugierige Blick in die weite Welt wurde aufgestoßen, sehr zur Freude von der kleinen Johanna. Der Titel des Buches war „Das Lexikon der Welt", es kostet für damalige Verhältnis schon sehr viel Geld, 200,- Deutsche Mark. Es ist, wie wenn man heute ein Buch für 1000,-€ kauft.

Luis hielt das Buch von 1950 später als Junge in seinen Händen, dort waren die ersten schönen Farbfotos zu sehen, die es in Buchform auf dem westdeutschen Markt gab. Oma Anna schenkte das allwissende Buch ihren Kindern 1953 zu Weihnachten. Johanna war damals gerade mal 3 Jahre alt, der Bruder Rainer wurde erst 1955 geboren, ihr Lieblingsgeschwisterchen. Es gab noch Fritz, kein Witz, von 1946, die Siegried von 1948, Luis spätere Lieblingstante, es gab die Karin von 1949. An das Weihnachten 1953 konnte sich Johanna noch als Mutter erinnern, an diese heilige Atomsphäre mit drei Geschwistern und ihren beiden jungen vom großen Krieg gezeichneten Eltern Anna und Benno. Benno wurde 1940 am ersten Kriegstag mit Frankreich in sein linkes Knie geschossen, der Metzgerjunge wurde von seinem Zeitgeist dem Faschismus viel zu früh auf die Verliererstraße gebracht. Das traumatische Unheil das dann auch hier ohne Nachdenken und Aufarbeiten an die nächste und übernächste

Generation weitergereicht wird. Es gab die Uroma Rabarbara die oft zu Besuch kam. Sie hatte die Anna 1920 unehelich zur Welt gebracht, und das in einem streng katholischen Dorf in Unterfanken nach dem ersten großen Weltenbrand, dem ersten Weltkrieg. Johanna war wie alle Kinder hilflos uns schutzlos in das aggressive intrigante Umfeld eingebettet. Sich frei zu entfalten und individuell zu entwickeln, wurde sofort unbarmherzig bekämpft. Es ging nur um Gehorsam und fehlerfrei nach zwanghafter Anweisung zu funktionieren.

Der Freiraum, der dann doch schon mal entstand, den wusste Johanna für sich zu nutzen. Das allwissende Buch wurde begierig unter den vier, später fünf Kindern herumgereicht. Es wurde von Johanna regelrecht studiert und ein kleiner Abschnitt hat sie besonders in den Bann gezogen, dort ging es Zauberei und Magie. Wie man zum Beispiel mit dem Visualisieren und dem Beleben, Vitalisieren von Wasser unsere geheimen Mächte, Kräfte in die Sichtbarkeit bringt und kanalisiert. Es gab dort den Ausspruch des Wissenschaftlers Herrn Einstein: „Wissenschaft ist gut, Imagination (das Visualisieren, Vorstellen mit Fantasie) ist besser". Johanna wurde immer wieder wie magisch auf die Seite 237 gezogen, die Bilder von einem Magier und seinen Zaubertricks zog sie in den Bann. Leider war für das Zaubern zu wenig Raum, in dem oft erdrückenden Kindheitsalptraum. Sie musste nun als junge Mutter mit 21 Jahren den Sohn Luis und Tochter Estelle versorgen, es fühlte sich oft sehr anstrengend und undankbar an. Sie fühlte sich alleine, wenn der Vater Andreas auf Manöver beim deutschen Militär war und seinen Dienst verrichten musste, in den Ruhepausen, wenn sie ihre Kinder nicht füttern und pflegen musste studierte sie ihre Bücher. Johanna, die Belesene, fand sie immer Trost in ihren Büchern. Abends wenn Ruhe einkehrte in die kleine Familie und die Kinder Luis und Estelle um sieben Uhr abends zu Bett gingen las Mutter Johanna ein Märchen oder eine meditative Geschichte vor. Besonders die Reise ins Zauberland777 versetzte ihren Sohn Luis in Erstaunen und Begeisterung, sie erinnerte eine ähnliche Kurzgeschichte aus dem

„Allwissenden Buch" in ihrer Kindheit, sie hatte ihre eigene Version erfunden, die sie gerne veränderte. Die Geschichte wurde dort nur kurz beschrieben, doch Johanna hatte eine lebhafte Fantasie, mit der sie jederzeit ihre eigene Zauberreise antreten konnte. Sie gab diese belebende Geschichte in vielen verschiedenen Versionen an ihren Sohn Luis und Estelle weiter. Besonders die kleinen Flugeinlagen beim Start der Reise ins Zauberland777 zogen alle in den Bann, man musste seine Arme ausbreiten um wie ein Zauberschmetterling oder Zauberadler dort hinzugelangen. Luis hatte große Freude an den Bewegungen, er liebte es wie alle Kinder zu hüpfen und zu tanzen, er forderte die Liebkosung durch das Erzählen der Geschichte regelrecht ein. Erst wenn die Geschichten nach 10 bis 20 Minuten zu Ende erzählt waren konnten alle zur Ruhe kommen. Das tägliche Ritual linderte die Mühsal, total. Johanna konnte dann wieder ihren Beschäftigungen nachgehen, bis sie dann selbst um 10 Uhr ins Bett ging und sich ihren eigenen Träumen hingab.

Eines Tage fand sich Luis im Kindergarten inmitten einer kleinen Gruppe von Kindern. Fünf Kinder, eine „Verzieherin", und der kleine Luis in der Mitte. Einen Tag zuvor bekam der Kindergarten Bauklötze geschenkt, einige Tausend müssen es wohl gewesen sein. Alle naturbelassen, frisch aus den umliegenden Wäldern, exakt gerade gesägt, um etwas daraus aufbauen zu können. Die Maße waren 2 * 4 * 8cm. Die Erzieherin gab den Kindern die Anweisung den Luis in einem Turm einzumauern, so dass es er sich geschützt fühlen konnte. Falls er sich einsperrt fühlen sollte konnte er den Turm sofort zum Einsturz bringen. Die fünf Kinder bauten eifrig den Kreis um Luis, langsam wuchs der Turm in die Höhe, eine falsche unsichere Bewegung von Luis oder den Kindern und der schützende Turm wäre eingestürzt. Nach eine Weile, Luis musste ruhig stehen für ein Kind in seinem Alter nahezu unmöglich, ragte der Turm über seinen Kopf hinaus. Sein Körper wurde von einem wolligen Gefühl durchflutet so wie er es selten in seinem kurzem Dasein erlebt hatte. Alle betrachten Luis im Turm voller Stolz, eine tolle Gemeinschaftsarbeit.

Als sich alle sattgesehen hatten durfte Luis den Turm von innen heraus zerstören, was für ein lustiger Spaß. Die Freude über das erlebte nahm Luis mit nach Hause. Abends beim Geschichten erzählen nahm Luis den Turm mit in sein Zauberland, er erzählte die Geschichte dieses Mal anders, er nahm Einfluss auf das zu Erzählende. Es fiel ihm in seinen Träumen ein und am nächsten Tag im Kindergarten wollte er unbedingt noch einmal den Turm um sich entstehen lassen. Es fanden sich weniger Kinder, nur drei und die waren zu sehr abgelenkt. Der Turm wollte auch nach dem dritten und vierten Anlauf nicht entstehen. Das tolle und glückliche Gefühl vom Vortag stellte sich sehr zum Bedauern von Luis nicht mehr ein.
Er machte jetzt die unschöne Erfahrung, die jeder Mensch machen muss, glückliche Momente die tief gehen kann man nicht erzwingen. Er war über diese Erkenntnis sehr traurig.
Kindliche Fröhlichkeit überstrahlt in einem positiv besetzen Umfeld alles, doch ab und zu legte sich über Luis ein dunkler unheilvoller Schatten. Eines Tages war die kleine Familie zu Besuch bei Oma Anna und Opa Benno. Es war ein sonniger Tag und alle Familienmitglieder waren versammelt, vier Tanten und Onkel, neun Enkelkinder.
Die Kinder, der Älteste war fünf Jahre alt, spielten vergnügt im Hof. Sie hatten alle Spritzen und machten sich gegenseitig nass.
Die Erwachsenen tranken Kaffee, ein Onkel leider zu viel Bier.
Die Kinder wurden mit Eis versorgt, welches die Oma Anna selbst hergestellt hatte. Luis liebte wie alle Kinder Eis zu essen, und fragte nach noch einem Eis. Es wurde von der Oma Anna lautstark verneint. Luis wusste das das Eis in der Kühltruhe im Keller des Haus zu finden war. Er konnte dem Gedanken nicht widerstehen noch ein Eis vergnügt zu verspeisen und schlich sich in den Keller. Dort angekommen konnte er die Truhe mit ihrem schweren Deckel nicht öffnen. Schlau wie er war, zog er einen kleinen Holzhocker vor die Truhe, er wusste das es gefährlich war den Deckel zu heben.
Mit seiner ganzen Kraft öffnete er den Deckel gerade soweit das er hineingreifen konnte und zog ein zweites nicht genehmigtes Eis

heraus. Mit dem erbeuteten Eis begab er sich wieder zu den Kindern im Garten. Vergnügt lutschte er daran, bis er sich auf einmal von einem lauten Schrei der Oma Anna erschrak und sich umdrehte. Sofort schlug sie Luis brutal ins Gesicht, er taumelte über den Hof, fiel hin und fing fürchterlich an zu weinen. Er traute sich nicht an Oma Anna vorbeizugehen, sie lauerte am Hof, der Weg zu seiner Mutter war versperrt. Durch den Mutterinstinkt geweckt begab sich Johanna auf den Hof sah Luis weinen. Er sagte was passiert war und dann folgte ein verbaler Schlagabtausch ob Oma Anna recht hat Luis so zu schlagen. Es wurde richtig giftig, Johanna verteidigte ihren Sohn Luis tapfer. Der schöne sonnige Nachmittag war für alle gelaufen. Im Faschismus wurden Menschen ohne Grund ins Gesicht geschlagen, eine furchteinflößende brutale menschenverachtende Geste, Handlung, sie wurde ohne Nachdenken an die nächste und nächste Generation weitergereicht.

Mit sechs Jahren wurde Luis ein Jahr zu früh eingeschult, er war der jüngste unter den Schulkindern in der ersten Klasse. Die anderen Kinder waren sieben Jahre alt und Luis körperlich überlegen. Gerade die Jungs mit ihrer Hackordnung setzen Luis zu, er verteidigte sich tapfer, schlug wenn es sein musste zurück, auch wenn er einem stärkerem Kind gegenüberstand. Die Lehrerin Frau Stöckner war sehr streng, verlachte Kinder, wenn sie etwas nicht so schnell verstanden. Die Kinder mussten jetzt 5 Stunden am Tag stillsitzen, für Luis ein Alptraum ohne Ende. Er wollte spielen, sich bewegen und spielerisch lernen. Er musste sich widerwillig beugen wie all die anderen Kinder. Jungs und Mädchen wurden nebeneinandergesetzt, er bekam Viola an die Seite gestellt. Am Einschulungstag war Luis in einer anderen Klasse, die Lehrer hatten die Klasse verwechselt. Am zweiten Tag war er dann in seiner Klasse 1a angekommen, er verpasste den Rundgang vor der Klasse bei dem allen Kindern gezeigt wurde wo sie z.B. auf die Toilette gehen konnten. Der Blick und das Reden der strengen Frau Stöckner ängstigte so sehr, so dass er sich nicht zu fragen traute wo denn die Toiletten sind. Er lief über den Flur und fand die Toilette nicht, er konnte nicht einhalten und machte an drei Tagen in die Hose. Die anderen Angsthasen machten sich über ihn lustig, er stand erstmal alleine in den Pausen. Die Sache wurde aufgeklärt und er bekam jetzt die fehlende Einweisung wo sich die Toilette befand. Ein paar Tage wurde er noch gehänselt und dann hatte er neue Freunde gefunden und sich eingelebt. Er hatte immer einen guten Freund, der ihm nahestand, zum ausgiebigen Spielen und fröhlich sein. Zuhause war das der Nachbarsjunge Matthias und in der Schule war es der Markus aus dem naheliegenden Dorf Westheim. Es waren seine ersten besten Freunde, an denen er reifen konnte. Luis ertrug nur fröhliche Kinder mit einem guten Herz, genauso wie er es selbst in sich trug. Zuhause war Luis jeden Tag mit Matthias am Spielen, er konnte es kaum erwarten nach der Schule oder am Wochenende nach draußen zu gehen und mit den anderen Kindern zu spielen. Vor allem das Fußball spielen hatte es ihm angetan, er konnte sich stundenlang damit vergnügen. Der Vater Andreas war ein regelrechter Fußballfanatiker, oft litt die kleine Familie darunter. Die Mutter Johanna wünschte sich am Sonntag einen Familientag, die Fußballgeisterung von Andreas stand dem oft im Weg. Johanna war unglücklich über den Fußballwahn, sie konnte es nicht akzeptieren und nachvollziehen das die Männergemeinschaft wichtiger war als die Familie. Sie empfand die meisten Fußballkollegen als dumm und kleingeistig, sie war schnell genervt und hatte für die Sportkameraden von Andreas schlimme Spitznamen erfunden. Manchmal ging auch auf den Andreas ein regelrechtes verbales Trommelfeuer nieder. Andreas liebte seine Johanna über alles, aber mit dem ständigen Genörgel von Johanna kam er nicht gut klar. Er schluckte die bösartigen Verletzungen runter, und es war klar, dass er sich in solchen Momenten emotional sehr weit von Johanna entfernte. Er richtete dann heimlich seinen Blick auf andere Frauen, es verursachte dann unvermeidlich Probleme. Als Luis vier Jahre alt war rief ständig bei den Nachbarn eine Frau an und beschwerte sich angeblich bei Andreas. Johanna wurde rasend eifersüchtig und kam nicht mehr zu Ruhe, sie verfiel in eine tiefe Depression. Andreas war dann oft auf Manöver und Johanna konnte die Kinder nicht mehr richtig versorgen. Sie steigerte sich so derart in die Eifersucht rein das sie nicht mehr in der Lage war den vierjährigen Luis und die zweijährige Estelle zu versorgen. Sie unternahm zwei Selbstmordversuche. Einen zuhause mit Schlaftabletten und einen im Krankenhaus bei dem sie sich die Plusadern aufschnitt. Johanna musste vier Wochen im Krankenhaus bleiben und Estelle und Luis mussten in der traurigen Zeit bei der Tante Anneliese mit ihren drei Kindern und ihrem Mann bleiben. Luis fragte oft nach seiner Mama, er wurde vertröstet, wurde mit seinem Herzschmerz genauso wie Estelle allein gelassen. Nach unendlich langen vier Wochen stand eines Abends Johanna und Andreas vor der Tür in Gemünden am Main, um die beiden Kinder abzuholen. Die kleine Estelle sagte zu Johanna: „Mutti, Mutti", die kleine Seele war unendlich erleichtert. Johanna war tief berührt und konnte die Worte von Estelle beim Wiedersehen nie vergessen. Ein langes Jahr musste vergehen, bis Johanna wieder ihre volle Kraft und Energie zurückgewinnen konnte. Sie schwor sich selbst darauf ein, dass sie sich nie wieder von der Eifersucht so vereinnahmen lassen würde. Sie wollte stand halten egal was passiert. 10 Jahre später wird ihr diese veränderte innere Haltung das Leben retten. Sie wusste intuitiv , dass sie durch ihre Geschichten, die sie abends erzählte, diese Veränderung anstoßen kann, diese Erfahrung gab sie an ihre Kinder weiter.

Das Zauberland777 wurde mit ihren Kindern oft besucht, es gab allen Trost und die Kraft schwierige Situation zu überwinden. Luis erfand dort seinen eigenen magischen Superzauber, er war derjenige der mehr Zugang zu diesen geheimnisvollen unsichtbaren Dingen bekam als alle anderen. 1974 hat sich Vater Andreas nach acht Jahren Dienst von dem deutschen Militär entlassen lassen. Acht Jahre Zwang, Unterwürfigkeit und Freiheitsentzug hatten jetzt ein Ende, zumindest in der Intensität. Leider konnte Andreas seine Dienstzeit und sein Leben nicht aufarbeiten, sehr zum Leidwesen von Luis. Die neue

Arbeitsstelle von Andreas war jetzt in der Industrie als Meister in einer Montagehalle mit 250 Frauen. Den Meister für Radio und Fernsehtechnik hatte er beim Militär erlangt. Luis war später immer stolz darauf sagen zu können das sein Vater Meister war, aber einen Fernseher konnte Andreas nie reparieren. Beim Militär hatte er gelernt zu unterdrücken, herzlos seine Befehle durchzusetzen, das kam ihm jetzt zugute. Er und drei andre Meister hielten den ordnungsgemäßen, planmäßigen Betrieb vor Ort aufrecht. Auch hier wurde von Andreas Gehorsam eingefordert, den er mit einem vorauseilenten Gehorsam beantwortete. Noch bevor irgendeine Repression oder Schikane gegen die Belegschaft befohlen wurde, war sie schon unterwürfig durchgesetzt, sehr zum Leidwesen aller. Andreas hatte jetzt konstante Arbeitszeiten von 7 Uhr morgens bis 16 Uhr nachmittags. Er bekam mehr als den doppelten Lohn von vorher. 1400 DM im Gegensatz zu vorher 500,-€. Die Energie, die jetzt frei wurde, setzten Johanna und Andreas in die Planung eines Eigenheims um. Luis sagte später, dass dies eine sehr unglückliche Entscheidung gewesen sei, das Familienleben wurde dadurch deformiert. Anstatt in einer Mietwohnung wohnen zu bleiben und das Leben zu geniesen wurde die kleine gemütliche Familie gestresst. Ab 1976 wurde der Hausbau in Langendorf begonnen, ein kleines katholisches mittelalterliches Netz mit 900 Einwohnern. 1978 zogen sie in das neue Heim ein, Luis war sehr traurig seine Freunde hinter sich lassen zu müssen. Matthias vermisste er von allen am meisten, noch Jahre später erinnerte sich mit Wehmut an seinen ersten supertollen Kindheitsfreund. Er war jetzt in der dritten Klasse und musste noch ein paar Wochen nach Hammelburg auf die Schule.
Er hatte Klassenkameraden aus dem nahen Dorf Westheim zu denen er morgens mit dem Fahrrad fuhr, seine erste Anlaufstelle war Michael. Er freute sich morgens kurz bei ihm sein zu dürfen, seine Mutter machte den beiden immer eine warme frische Milch. Eines Tages freute sich Luis so sehr, dass er ungeduldig den Küchenschrank bei Michael öffnete und einen Topf raus holte um warme Milch zu

kochen. Die Mutter von Michael kam in die Küche und war über das Benehmen von Luis entsetzt. Zuvor war sie freundlich und großzügig, mit einem Male wurde sie zur schimpfwütigen Hexe. Luis vertrug es nie gut, wenn man ihn mit erhobener Stimme ansprach, er wehrte sich begann an zu weinen. Er entschuldigte sich höflich, die 10 Minuten bis zum Bus liefen waren ein Alptraum vor ihm ab. Er hatte dann sofort morgens einen andren Freund angefahren, den Markus mit Spitznamen Suppe. Seine Mutter war vertrauenswürdiger. Es gab keine warme Milch mehr, aber das war akzeptabel, Hauptsache das Seelenheil gerettet. Diese unschönen Begegnungen prägten sein Leben nachhaltig, er wollte sich nicht einschüchtern lassen. Auch wenn er Fehler machte, er wollte fair behandelt werden. Angst ist unser stärkstes Lebensgefühl, Angst über ein gewisses Maß hinaus macht uns krank, ja sogar schwer krank. Der vernünftige Umgang mit unserer Angst wird uns leider nie in den Schulen vermittelt. Es scheint wichtiger das todbringende steinzeitmäßige Konzept „HöherWeiterSchnellerBesser" zu bedienen als fair und nachhaltig zu teilen. Wir werden von Kindesbeinen an von einem Pferch in den nächstgrößeren gereicht, eigenverantwortlich möglichst frei und selbstbestimmt zu handeln, zu leben wird uns verwehrt, wir werden dafür sogar bekämpft. Unsre Kinder tragen von Anfang, die in die Natur eingegeben Ideale wie Wahrheit, Gerechtigkeit, Freiheit in sich. Sie werden von dem Umfeld in der Regeln ziemlich schnell aberzogen. Die Gehirnwäsche, der die meisten Kinder auf dieser Welt unterliegen lässt, nichts Gutes ahnen. Aber wer soll ansonsten die dringend anstehenden Probleme dieser Welt lösen? Nur Menschen die ehrlich sind, gerecht sind, genügsam sind können positive Veränderung für alle herbeiführen. Den Blick auf das Wesentliche zu richten, wird uns verwehrt, materiellen Schwachsinn anbeten, wird unsinniger weise geehrt. Aber woraus besteht das Wesentliche, ich denke ein jeder hat da seine eigene Lösung. Tiefsinnig angelegt ist das wohl ehr etwas das zwischen Menschen und ihren Beziehungen liegt. Wir streben nach dem Absoluten, das erreichen wir zu

Lebzeiten nicht. Wir sollten uns zurücknehmen und uns nicht ständig mit materiellen Dingen blenden lassen, aufhören ständig zu suchen, versuchen bei uns selbst anzukommen. Wir haben eine „Freie Wahl" die bei den meisten Menschen von vorneherein stark eingeschränkt ist. Ohne vernünftige Wahlmöglichkeiten für alle Menschen ist Lügen und Betrügen schon vorprogrammiert. Alle Lebewesen streben nach „Wohlsein", wir wollen uns wohl fühlen. Ein Kind ist eine gute Referenz, um zu sehen was wir eigentlich wirklich brauchen. Soziale Interaktion, die allen dient, auch die die Menschen auf den hinteren Plätzen miteinbezieht. Diese drei universellen Prinzipien findet man überall in der Natur. Der grausame und brutale Überlebenskampf schränkt das nur allzu oft stark ein. Es erreicht noch nicht einmal die Menschen, die durch irgendetwas stark bedrängt sind. Die meisten Menschen auf diesem Planten bekommen nie die Chance zur Aufarbeitung und damit einer möglichen Veränderung. Ich denke wir in Europa sollten viel mehr mit allen andren Ländern teilen.

Wir werden ansonsten zum Teilen durch Krieg gezwungen und das völlig unnötiger Weise. Luis war also in die schönste und schlimmste aller Welten geboren, alle um ihn herum waren auf Auto, Haus, Geld eingeschworen. Die verträumte Kindheitszeit in der Stadt nahm sein Ende. Mit jetzt neun Jahren war er in Langendorf angekommen, er wird dort bis zum seinem 14 Geburtstag dort wohnen. Durch die ganzen Hausbauarbeiten und den damit verbunden Stress kam auch die meditative Reise ins „Zauberland777" zu kurz, es machte Luis sehr traurig. Er musste seinen eigenen Weg finden, um die Anbindung an das „Zauberland777" aufrecht zu erhalten. Nachdem das Ritual mit seiner Mutter und der Schwester ausfiel, bastelte sich Luis selbst eine eigene Version der meditativen Reise zurecht. Abends wenn er um sieben Uhr schlafen musste, trat er den tröstenden Ausflug an.

Es ärgerte ihn wie alle Kinder das er früh schlafen gehen musste, aber es machte ihn stark diesen aufgezwungenen Rhythmus zu leben. In der fünften Klasse, jetzt 11 Jahre alt, wurde die ungeliebte Schule zum Problem. Der Pseudonazilehrer Wehnerer war anfangs noch zugänglich, mit der Zeit richte er sich aber gegen die Jungs. Er hatte selbst zwei Töchter und bewachte regelrecht die Mädchen. In der fünften Klasse erzielte Luis immer noch sehr gute Noten, es war oft Streit zu Hause und er ließ nach mit seinen Schulleistungen.

Keiner wollte es verstehen, nur eine Freundin mit ihrem Mann sagte mal: „Andreas was machst du denn nur mit Luis?". Sie bekam keine Antwort, keiner war da, um Luis vor Übergriffen und Psychoterror zu schützen. Andreas war Luis unheimlich, er liebte seinen Vater wie alle Kinder, aber Vertrauen und Geborgenheit, so etwas war nicht mehr möglich, seitdem man ihn der Schule mit Noten bewerten konnte. Nicht Luis wurde geliebt, sondern nur die Leistung, die er erbringen konnte. Eines Tages fuhr die kleine Familie in das nahe gelegene Schweinfurt, um einzukaufen. Es war sehr kalt und sie liefen durch einige Kaufhäuser. Luis blieb einen Moment zu lange bei den Spielsachen stehen, er hatte mit der Zeit einige Fischertechnik Baukästen geschenkt bekommen. Ein Motor war defekt und diesen kaufte er sich jetzt von seinem Taschengeld. Mit einem Male war seine Mutter, Vater und seine Schwester im Gedrängel verloren gegangen. Er bekam eine Heidenangst das er im kalten Schweinfurt zurückgelassen werden könnte. Er suchte den Parkplatz auf, dort stand der gelbe Ascona vereist. Luis hatte seinen Vater einmal dabei beobachtet, wie er das Auto mit einem Draht öffnete, die eisige Kälte und Angst trieb ihn jetzt an. Luis war schon als Junge unheimlich gut im Handwerken, nur durch beobachten konnte er Dinge schnell umsetzen und rekonstruieren. Luis suchte sich einen Draht, von einem Zaun trennte ein grünes Stück ab. Durch Hin und Herbiegen ließ sich der Draht teilen, Stahl hat eine Kaltverfestigung, an der er dann bricht. Er bog geschickt eine Öse, um den Draht dann durch die Tür zu führen und den Türhebel hochzuziehen. Die Tür ließ sich nun leicht öffnen, für einen gefühlten Moment war er gerettet. Über eine Stunde suchten die Eltern von Luis nach ihm, sie wollten ihre Sachen im Auto verstauen und weitersuchen als sie erstaunt Luis im Auto vorfanden. Als die Eltern und Estelle eingestiegen waren, begann

sofort ein apokalyptisches Schimpfgewitter. Unerträglich, gemein und niederträchtig. Nachdem klar war das Luis das Auto „aufgebrochen" hatte wurde er brutal ins Gesicht geschlagen, widerliche Beleidigungen gingen auf ihn nieder. Jetzt entlud sich, die ganze Wut, der ganze Zorn, der ganze Hass, der irgendwo aufgestaut war an ihm. Zwei Tage und Nächte vergingen sich jetzt die so fürsorglichen Eltern verbal und mit Schlägen an ihrem Sohn Luis. Keine Gnade, kein Schutz, das Trauma aus dem zweiten Weltkrieg, hier kam es wieder überdeutlich zum Vorschein. Der einzige Trost, um standzuhalten war jetzt die Flucht ins Zauberland777. Er hatte zuvor einfach so drei schöne Gedichte geschrieben, er verweigerte sich nun seinen Lieben damit Freude zu bereiten. Die wundervolle Gabe zu Dichten ging für über dreißig Jahre verloren. Durch Krankheit und Isolation kehrte das ausdruckstarke belebende Dichten als Fähigkeit zurück. Im Jahr 2016 bekam er dann seinen eigentlichen Auftrag in den Horizont zu bekommen. Aber dazu später mehr.
In Langendorf hatte er wie zuvor immer einen Freund, an dem er Reifen konnte. In der vierten Klasse war es kurz Volker Friedrich, ein Klassenkamerad. Volker war leider immer für dumme Sachen zu haben, eines Tages kam er an das Zimmer von Luis der Hausaufgaben machte. Heimlich öffnete Luis das Fenster, seine Mutter war in der Küche am Arbeiten, hätte sie den ungebeten Gast bemerkt wäre sofort ein Schimpfgewitter losgegangen. Volker wollte unbedingt das Luis mit in den nahen Wald geht, er wollte mit Feuer spielen. Luis verneinte sofort das war ihm unheimlich, er verabschiedete sich, schloss das Fenster und machte weiter seine Hausaufgaben.
Wenig später kontrollierte Johanna ihn, ob er seine Hausaufgaben erledigt hatte. Das Fenster war nun gekippt und es roch nach Feuer. Johanna und Luis schauten aus dem Fenster und neben dem Feeberg stieg eine schwarze furchteinflößende Rauchsäule auf. Es waren Feuerwehrsirenen hörbar. Beide waren besorgt aber gingen ihren alltäglichen Dingen nach. Luis spielte zu Hause, er war glücklich, wenn er in seine Fantasiewelt eintauchen konnte. Am nächsten

Morgen in der Schule wurde erzählt was tags zuvor passiert war, der Volker hatte einen großen Heuhaufen neben einem Feld angezündet, alle verspotteten ihn. Luis war froh, dass nicht mit Volker losgezogen war, den Ärger hätte er nicht überlebt. Er distanzierte sich von Volker und freundete sich mit dem zwei Jahre älteren Joachim Scheinheilig an. Mit ihm zog er fast drei Jahre durchs Dorf, Luis mochte Joachim sehr. Er war Hauptschüler und einfach gestrickt. Joachims Eltern hatten einen kleinen Bauernhof, der Vater war so gut wie nie zu sehen. Joachims Mutter Anna führte zuhause Regie, mit ihr wurde Luis nie richtig warm, aber sie akzeptierte ihn. Mit Joachim zog er durchs Dorf, lernte das Umland kennen. Er zeltete gerne wie alle Kinder, er war denn für einen Moment frei, sie erkundeten nachts das Dorf. Und zum Erstaunen von Luis waren noch einige andre Kinder unterwegs, nachts zwischen 00:00 und 1:00 nachts war Geisterstunde. Sie liefen zur nahen Kirche mit ihrem Zwiebelturm, daneben der Friedhof, Joachim wollte über die Friedhofsmauer klettern, Luis bekam Panik und bedrängte Joachim von dem Vorhaben abzulassen. Luis war ängstlicher als die größeren Kinder, er dachte einfach weiter, die Konsequenzen hatte er gut im Blick. Luis spielte wie sein Vater im dörflichen Fußballverein mit, das Fußballspielen war seine Leidenschaft, da konnte er sich austoben. Sein Klassenkamerad der Martin Fleischer war sein ständiger Konkurrent, die Rivalität zwischen beiden verfolgte ihn noch im Erwachsenenalter in seinen Träumen. Luis versuchte es auch mal mit den katholischen Messdienern, er unterbreitete den Wunsch Mutter Johanna, die ihn erstmal scharf zurückwies. Sie kannte den katholischen Glaubenswahn aus ihrer Kindheit, sie erzählte gerne die Geschichte von ihrer Uroma, die ihre Mutter Anna 1920 unehelich auf dem kleinen Dorf Karsbach gebar. Der Vater war der reichste Bauer im Dorf und hatte viel Geld mit Grund und Boden. Die Uroma war damals 18 Jahre alt und der alte notgeile Bauer war über 60 Jahre alt als Oma Anna gezeugt wurde. Als der alte Bauer im Sterben lag wollte sich die dörfliche Kirche an dem Bauer bereichern, es wurde ein Notar einbestellt und ein Eigentumsübertrag sollte stattfinden. Als der Vertrag einen Tag später zum Unterzeichnen fertig war und die scheinheiligen Kirchenleute ihre Beute einforderten lag der nun 70-jährige Bauer Tod in seinem Bett. Als hätte der „Liebe Gott" mal für einen Moment Gerechtigkeit gesprochen. Das ganze Erbe, sein Besitz gingen jetzt an die Uroma und somit später an die Oma Anna. Zurück zu Luis, 50 Jahre später ließ er sich doch auf den Ministrantendienst ein. Die Kirche war ihm unheimlich und eigentlich egal, er wunderte sich immer, wie man so fanatisch beten konnte, wie einige ältere Herrschaften, bei denen blieb er auf großen Abstand. Er hatte dort ein bisschen Freiheit und die Kinder, die mit ihm den Kirchendienst verrichten spielten Fangen um die Kirche, abends im Halbdunkeln. Das Erleben und die Freude waren so intensiv, dass er dazugehören wollte. Nach zweimal wie immer, wenn etwas Spaß machte, wurde das Fangen um die Kirche verboten. Er war ungefähr ein halbes Jahr dabei, an Ostern konnte man Geld einsammeln, 20,- DM bekam jeder Messdiener. Die Freude über das selbst verdiente Geld und dabei sein wollen, es währte nicht lange, er verließ wieder die zwanghafte mittelalterliche scheinheilige Bande. Er war erleichtert, um eine unschöne Erfahrung reicher. Die meisten Dorfbewohner hingen noch in ihrer mittelalterlichen nazivergifteten Denkweise fest. Eigentlich alles was Spaß macht und belebend war, wurde verboten, einfach nur widerlich und ekelhaft was ihm da ständig entgegentrat. Er wande sich sofort ab, wenn jemand die Stimme erhob, diese Menschen waren für ihn inakzeptabel. Zum Glück gab es doch Menschen und Freunde wie den Joachim, später Rene, die er annehmen konnte. Bei ihnen fühlte er sich wohl und konnte so einige Abendteuer mit ihnen durchstehen. Johanna und Andreas setzen Luis zunehmet unter Druck als er in die siebte Klasse der Realschule wechselte, er mochte den Unterricht nicht. Der Klassenlehrer Winkler war annehmbar, aber es gab den Englischlehrer Hahn, ein strenger arroganter Nazilehrer, Luis hasste ihn für seine Überheblichkeit, er war unnahbar. Es schien sich alles nur um Schule und Lernen zu drehen, für ein verspieltes fröhliches lebenslustiges Kind wie Luis war es über weite Strecken nur ein Alptraum. Waren die Noten schlecht, schimpften die Eltern lautstark im Wohnzimmer, wenn Luis im Bett lag. Er musste an der Wand zum Wohnzimmer schlafen und musste hilflos mitanhören das er in ein Kinderheim gehen sollte, weil er angeblich nicht genug gehorsam war. Er flüchtete sich dann oft in sein Zauberland777 und betete das er schnell erwachsen werden sollte. Er spielte weiterhin Fußball was ihn stark machte, mit 13 Jahren er wurde als Mittelstürmer eingesetzt. Er wurde Torschützenkönig für eine Saison. Wenn er von zu Hause weg war um zu „Streunen" wie ihn Johanna hänselte, da war er am glücklichsten. Frei sein und spielerisch die Welt erkunden. Sein Vater Andreas ging seit 10 Jahren fremd, jetzt kam die Sache raus, es war klar, dass er Luis nur als Prügelknappen benutzt hat, um von sich abzulenken. An seinem 14 Geburtstag reichte Andreas die Scheidung ein. Das mühsam erarbeitete Haus musste unter Wert verkauft werden, jetzt begann ein jahrelanger Scheidungskrieg zu Lasten von Luis und Estelle. Sie zogen zurück in die Stadt Hammelburg, Luis wiederholte die achte Schulklasse, er war jetzt nicht mehr der Jüngste, worunter er immer sehr gelitten hatte. Der Klassenlehrer war jetzt Herr Kleinhenz, ein sehr einfühlsamer und toleranter Zeitgenosse. Der Charakter von Luis wurde jetzt deutlich sichtbar, er wurde zum Klassenkasper, die rebellischen Impulse konnte er so gut kanalisieren. Luis möchte all die Streber und braven Buben in seiner Klasse nicht, er hielt Abstand, hatte immer einen Freund, mit dem er zusammensaß und die Pausen verbrachte. Es gab da Uwe Brustmann, ein zierlicher Zeitgenosse, mit dem er viel Zeit verbrachte. Der Drang wie alle anderen Jugendlichen im Alter von 15 Jahren abends rauszugehen war sehr stark, Johanna verbot fast alles was da Spaß machen konnte. Sie war sehr besorgt, sie wusste, wie leicht man einen jungen Menschen verführen konnte. Ihr Bruder Rainer, Luis Patenonkel verfiel mit 14 Jahren dem Alkohol und wäre fast daran verstorben. Die Stadt war voll mit

Trunkenbolden, ein ganz normaler gesellschaftlich akzeptierter Zustand, einfach widerlich. Alkohol ist verdorbenes faules Wasser, erzeugt verdorbene faule Gedanken mit dem entsprechenden aggressiven destruktiven Verhalten, schmeckt nur dem Kopf, der betäubt werden will. Die Realität ist schwer zu ertragen, man will sich abschirmen, nicht nachdenken. Die Tatsache das ein Glas Bier das Gehirn dauerhaft schädigt scheint keinen zu interessieren, es findet zu wenig und uneffektive Aufklärung statt.

Es kam für Luis, wie es kommen musste, mit 14 Jahren rauchen und in den umliegenden Kneipen fand sich immer jemand der einen Trinkkameraden brauchte. Nach der Scheidung der Eltern mogelte sich Luis irgendwie in der Schule durch, er ging in die Schule, weil da seine Freunde waren. Er wiederholte die achte Klasse, trotzdem blieben seine Noten schlecht. Mit 15 Jahren bekam er von Andreas, die Eltern waren jetzt fast zwei Jahre geschieden, ein Mofa geschenkt, es war sofort sein ein und alles.

Um sein Mofa zu unterhalten verteilte Luis Zeitungen, ein mühsamer Minijob, der nicht viel einbrachte. Aber was sollte er machen, irgendwie musste er seine neu gewonnene Liebe zur Mobilität finanzieren. Johanna war mit sich selbst beschäftigt, wollte nicht mehr Kindermädchen und Versorger sein. Eigentlich ist es sehr gesund sein Kind von sich zu stoßen, wenn es alt genug ist.

Aber mit 16 Jahren in einer technischen wissenhafthörigen lieblosen Welt war der Ablösungsprozess doch zu früh und überhart vollzogen. Johanna gab später vor Luis zu: „Ich hatte immer befürchtet das du nach Hause zurückkommst oder untergehst". Aber Luis belehrte alle eines Besseren, er wuchs nach anfänglich Depression und Angstzuständen mit 17 Jahren über sich hinaus. Er wurde einfach ins Leben geworfen, ohne Rücksicht auf Verluste. Mit 17 Jahren trat er seine Ausbildung als Maschinenschlosser an, anfangs verstand er gar nicht was er lernen sollte. Er war in eine herzlose technische Welt eingetaucht, bei der die Maschinen zur Gottheit erklärt wurden.

Sein Vater Andreas besorgte ihm, dem schlechten vorlauten Schüler, die Ausbildungsstelle in dem Betrieb, in dem auch er arbeitete.

Die ersten paar Monate waren für Luis sehr anstrengend. Als er seine Ausbildung antrat, bei einer Größe von 191 cm brachte er gerade mal 65 kg auf die Waage, nach einem Jahr waren es dann 85 kg. Er hatte innerhalb nur eines Jahres körperlich und mental stark zugelegt. Der grausame Überlebenskopf den er alleine ausfechten musste machte ihn hart und verbittert. Im ersten Lehrjahr kam es nach nur drei Monaten zu einem folgenschweren Zwischenfall.

Luis war immer noch sehr gerecht, obwohl er sich oft ambivalent verhielt. Der Mitschüler Walter Blödel, brachte ihn und seinen Jugendfreund Christian in Rage, er verpetzte andere Auszubildende, irgendwann kam das Fass zum Überlaufen. Erst schlug Christian den Blödel nieder, dann nahm Luis Fahrt auf. Allen Hass projizierte er in den Dummkopf rein, er hätte ihn am liebsten ermordet, seinen eigentlichen guten Herz widerstrebend. Der Schlagabtausch fand am 6.12.1986 stand, am Nikolaustag, Walter Blödel blutete stark aus der Nase. Luis wurde strafversetzt, er wurde aus der Lehrwerkstatt der Firma Pech verbannt. Er musste ins Werk, dort seinen Dienst antreten, er wurde dem erfahrenen Gesellen Helmut Geist zur Seite gestellt. Luis wurde jetzt oft von Schindelattacken gequält, der tägliche Überlebenskampf überforderte ihn zunehmet.

Das zwanghafte herzlose Fabrikleben quälte ihn, der so fröhlich und lebenslustig sein konnte. Die Frustration wurde dann mit Alkohol betäubt, sobald irgendwie Geld dafür verfügbar war. An den Zigaretten konnte er sich festhalten, sie schwächten ihn natürlich auch. Die Arbeit als Maschinenschlosserlehrling machte Luis schon Spaß, er musste sich widerwillig in das hierarchische System einfügen. Herr Geist war Kleinbauer, er sagte später, Luis war sein bester Auszubildender, den er anlernen durfte. Herr Geist unterzog Luis einen Test, er bog mit Luis zwei dünne Stahlstangen und sie suchten einen Wassereimer, aber sie fanden keinen. Sie gingen zu dem nahen Wasserhahn und Luis wurde angewiesen die Stangen über das fließende Wasser zu halten, sehr zum Erstaunen von Herr

Geist überkreuzten sich die Wünschelrute aus Stahl. Er sagte eigentlich müsste man einen großen Eimer nehmen und bei den meisten Menschen passierte gar nichts oder nur sehr wenig. Herr Geist nutzte wie seine Bauernkollegen die Wünschelrute in der Landwirtschaft, genauere Antworten blieb er Luis schuldig. Luis nahm die Wünschelrute mit nach Hause und versuchte sich ab und zu an dem eigenen Wasserhahn. Erst nach weiteren 3 Jahrzehnten erhielt er die längst überfälligen Antworten, leider unter massiven Leidensdruck. Er fühlte sich anfangs verloren in den großen Fabrikhallen, er war dort in dem Maschinenbau gelandet, es wurden dort alle möglichen und unmöglichen Sondermaschinen individuell angefertigt. So nach und nach wurde er von seinen Kollegen anerkannt. Luis war dort sehr schweigsam, er wusste es ging nicht um Wohlfühlen, sondern darum, ein möglichst gut profitables Arbeitsergebnis zu erzielen. Wie in der Schule zählte Luis nicht als Mensch, sondern ausschließlich die Leistung wurde herzlos bewertet. Er hatte sich in der Schule sein lustiges und fröhliches Wesen bewahrt, er war auch hier ab und zu für einen Spruch gut. Am Wochenende kehrte er zu seinen Freunden im 45 km entfernten Hammelburg zurück, sie trafen sich abends in einer Kneipe und gingen dann in die kleine Stadtdisco Kupferkanne. Alle tranken wie selbstverständlich Alkohol, keine gute Lebensanleitung in Sicht, sehr zum Bedauern von Luis der früh nach dem Sinn im Leben fragte. Angefangen bei den Kriegserlebnissen seiner Groß und Urgroßväter, er wollte Antworten. Seit er sich mit vier Jahren erinnern kann hinterfragte Luis alle Verwandten und Bekannten was den passiert war in der Vergangenheit. Wer seine Vergangenheit nicht kennt, kennt auch nicht seine Zukunft. Er war ein neugieriges Kind, leider sah er Krieg eher wie ein Abenteuer, das es zu Bestehen galt, die Perversion und Grausamkeit, die dahinterstand, wollte er nicht sehen. Er hatte eine kindlich naive Vorstellung vom Krieg, er wusste nichts von dem Kriegstrauma der Jahrtausende das auch in ihm wohnte. Die Menschen um ihn herum hatten auch nie die

Möglichkeit diese hässlichen Dinge zu beschreiben oder zu verarbeiten. Sein Freund Christian kam nach drei Monaten auch die Produktion der Firma Pech, sie verbrachten die Pausen miteinander und vertieften ihre Freundschaft allmählich. Christian war zwei Jahre jünger als Luis, Christian hatte zweimal ein Gewinde zerstört, bei einem handgefertigten Schraubstock, das dritte Mal musste es dann passen. Luis schnitt mit Leichtigkeit das jetzt viel größere Gewinde in den Schraubstock und ersparte Christan damit die peinliche Situation zu Versagen. Er nahm Christan damit die Angst, es war der Moment, indem die beiden noch in der Lehrwerkstatt Freunde wurden.

Ein Moment mit Tragweite, sie waren jetzt 6 Jahre unzertrennliche Freunde. Für Luis war Christan wie ein Bruder, und umgekehrt, er mochte auch seine Familie, die er wenig später kennen lernen sollte. Trotzdem alleingelassen im grausamen Überlebenskampf, es ließ nichts Gutes ahnen für die Zukunft von Luis. Im ersten Lehrjahr als Maschinenschlosser hatte er unter Depressionen und Angstzuständen gelitten, es war ihm selbst nicht bewusst, keiner wollte emotional besetzte Dinge bereden oder klären. Alle nur rein rational eingeschworen, alle nur am Streben und Funktionieren.

Für fröhliche und herzliche Dinge war kein Platz in dieser technisch-wissenschaftlichen Welt. Kein guter Ort, um sich individuell zu entfalten, keine tiefgehende Sinnhaftigkeit.

Luis hatte anfangs auch Freunde in dem Dorf Schmarnwasser, diese einfach gestrickten Dorfjungs langweilten in nach einigen Monaten. Sie waren ihm dann doch zu kindisch und es zog ihn Richtung Christian, er war schon früh in einem eigenen Club unterwegs.

Luis bastelte sich damals mit den Freunden aus Schmarnwasser einen VW-Bus zurecht, nach einem Jahr wurde er bei einem nächtlichen Umtrunk von seinem Freund Manfred zu Schrott gefahren. Dadurch kam es endgültig mit den simplen Dorfjungen zum Bruch. Er bekam Schadenersatz, aber der zweite VW-Bus war nicht vergleichbar mit dem ersten Bus. Luis besuchte jetzt öfter Christian und seine Gang, die konnten gut zuschlagen und ließen sich nichts gefallen. Es zog ihn an, aber er ließ noch Vorsicht walten. Es gab dort den Motorradclub Antaris, mit denen wollte Luis eigentlich nichts zu tun haben. Luis beendet seine Ausbildung zum Maschinenschlosser mit 20 Jahren als Bester in seinem Jahrgang trotz verkürzter Lehrzeit von 3 Jahren, das Handwerken viel ihm einfach zu. Er wechselte 1990 im März den Betrieb, er wurde als Maschinenschlosser bei ADG, Firma Formwach eingestellt. Er hatte den Mauerfall direkt an der Zonengrenze mitbekommen. Er hatte vier Monate eine Freundin in der alten DDR, sie brachte ihm kein Glück, weil sie so auf Geld versessen war.

Da konnte und wollte Luis nicht mithalten, es zog ihn wieder hin zum Christian der in den Motorradclub Antaris eintreten wollte.

Luis entschied sich anfangs zögerlich auch in den Club einzutreten, eine schlechte verhängnisvolle schicksalhafte Entscheidung wie er sich später eingestehen musste. Nun nahmen die Dinge ihren Lauf. Ständig im Alkoholrausch am Wochenende, begleitet von Gewaltausbrüchen mit anderen Gewaltmenschen und Chaoten, wegen Nichtigkeiten, Eitelkeiten. Er suchte wie alle eigentlich eine Familie, was ihn jetzt antrieb war der ganze in sich hineingefressene Frust aus seiner unglücklichen Kindheit und aus seiner Jugend.

Man konnte sich einfach schlecht benehmen, keiner traute sich richtig zu widersprechen. Es wurde viel gelacht, anderswo war es verboten oder unerwünscht. Auch Luis lernte zu kämpfen, hart zu treten und zuzuschlagen. Erst schlagen dann fragen war die Divise. Das Angsttrauma aus dem Zweiten Weltkrieg war allgegenwärtig, samt dem verdorbenen Zeitgeist. Luis hatte hin und wieder eine Freundin, er konnte sich nicht festbinden, er wollte immer eine begehrenswerte Frau wie Christian ihm vorwarf, er war einfach zu ungeduldig. Es zogen zwei Jahre ins Land und Luis war jetzt 22 Jahre alt. Von Alkohol und Zigaretten geschwächt machte er die zweite verhängnisvolle Fehlentscheidung. Er wollte sich seine Männlichkeit beweisen, nachdem er Wehrpflichtiger war, trat er im Oktober 1991 seinen Wehrdienst beim deutschen Militär als Fallschirmjäger an, eine weitere schicksalhafte Fehlentscheidung.

An dem Tag als er Richtung Iserlohn mit der Eisenbahn fuhr musste er im Zug furchtbar weinen, als würde er in den Krieg ziehen und nie mehr zurückkehren. Vor den andren Zuggästen verbarg er seine Traurigkeit, er hatte lange nicht so geweint, konnte sich auch nicht daran erinnern solch einen Gefühlsausbruch gehabt zu haben.

In der Kaserne angekommen, es macht sich ein nie da gewesenes Unwohlsein bei ihm breit. Überall die Kettenhunde, die nur darauf lauerten, die Rekruten einzuschüchtern und zu diskriminieren.

Luis schwieg anfangs wie alle neu eingezogenen Männer, doch nach 14 Tagen Gemeinheiten und Kasernenhofdrill machte er innerlich mobil. Er fing an offen zu rebellieren, er stellte frech und unnachgiebig die unterwürfigen dummen Unteroffiziere in Frage, Luis wollte nicht mehr gehorchen, nur widerwillig. Unsinnige Befehle ausführen, um dann im Kollektiv Menschen effektiv umzubringen, das geht gar nicht. Luis war zu diesem Zeitpunkt noch ambivalent, wollte seinen Mann stehen und doch Teil des Destruktiven zu sein. Es war für ihn, wie er später sagte ein Zweifrontenkrieg, zuhause bei seinen Freunden und beim Militär wurde Gewalt als selbstverständlich hingenommen. Gewalt sollte immer die letzte Wahl sein, hier wurde sie mit Scheißhausparolen propagiert, einfach widerlich. In den letzten Jahrtausenden, gerade in den letzten drei Jahrhunderten der industriellen Revolution wurde das bösartigste Verhalten das diese Welt je gesehen hat, durch den Menschen manifestiert. Es geht immer nur um Geld, Wirtschaft, etc. und somit um Macht. Luis wurde gegen seinen Willen ferngesteuert, er konnte den Abgrund, der sich vor ihm auftat nicht richtig sehen, wollte nicht auf sein Herz hören. Das meditative Zauberland777 war in weite Ferne gerückt, keine Zeit mehr zum Träumen. Ab Ende 1991 stellten sich Depressionen ein, Angstzustände machten sich in Luis breit, er stellte sich mit aller gebotenen Härte dagegen. Er hatte zuvor so viele unschöne Zeiten überwunden, er glaubte er würde auch dieses Mal irgendwie durchkommen. Nachdem er alleine wohnte, keine familiäre Anbindung da war bekam er auch keine Rückmeldung, wo er emotional stand. Er überschätzte sich, verlor immer mehr die Kontrolle über seinen Körper. Er bewegt sich jetzt in einer Gewaltspirale, die immer schneller drehte, es schien nur einen Ausweg zu geben, mit allem was zur Verfügung steht dagegen zu halten. Es ist bekannt das man Mobbing, so wie er es empfand, nur ein halbes Jahr durchhalten kann, dann treten bei allen Menschen Symptome auf, die nicht wieder rückgängig gemacht werden können. Der Glaube an das Leben und der Antrieb geht dann verloren, es geht hin bis zur Selbstaufgabe. Luis wollte nur noch kämpfen oder betrunken sein, er ertrug die Realität nicht mehr. Er wurde zunehmend schwächer, die destruktiven Idioten beim Militär um ihn herum nahmen das als Zeichen zum Angriff. Die achtlosen Demütigungen, Erniedrigungen wurden massiver, einen jungen Menschen aus dem Gleichgewicht zu bringen war für die schizophrenen emotional schwerstbehinderten Vorgesetzen kein Problem. Die Auseinandersetzungen eskalierten soweit das Luis ins Militärgefängnis abgeführt wurde. Es war jetzt Juni 1992, davon erholte sich Luis nicht mehr, sein Schicksal war besiegelt, das normale körperliche Wohlsein war für alle Zeiten unwiederbringlich vorsätzlich zerstört. Auch zu Hause im Freundeskreis konnte er nicht mehr mithalten, er der alle anderen um ihn herum überstrahlen konnte, im Guten wie im Negativen. Es gipfelte sich bis zum totalen Niedergang, er fand sich im Juli in dem Militärkrankenhaus in Hamm wieder. Sein Körper bestand nur noch aus Angst, bleierner Schwere, totaler Hilflosigkeit. Die endlose gewaltforderte Gedankenspirale, sich an seinen Vorgesetzten zu rächen konnte er nicht abstellen, er war furchtbar einsam und gequält. Es war ihm sofort klar, dass es kein Medikament gibt, das ihn wieder auch nur annähernd herstellen konnte. Luis hatte Angst in eine Psychiatrie verlegt zu werden, er hatte von den menschenverachteten Heilmethoden, die bis hin zum Tod durch Medikamente reichten, gehört. Äußerlich schien Luis gesund, alle medizinischen Vitalwerte waren in Ordnung. Trotzdem konnte Luis kaum aufstehen, geschweige denn Laufen. Er konnte

nicht schlafen, weil in ihm das Feuer der Angst brannte, 14 Tage war er einfach gefühlt wach. Vielleicht ein Minuten oder Sekundenschlaf war möglich, er konnte keine Menschen mehr um sich herum ertragen. Er der so mutig und unerschrocken war, existierte nur noch körperlich, ohne Außenwahrnehmung. 10 Monate zuvor war er noch jung und in voller Blüte, jetzt war er nur ein Stück Fleisch mit viel Angst, für andere nicht nachvollziehbar. Er kannte die Bilder aus den letzten zwei Kriegen von traumatisierten Soldaten, er wusste jetzt war er gebrochen. Luis war kein Mensch, der einfach aufgibt, irgendwie schaffte er es in seine Heimat zurück, die 400 km von dem Militärstandort konnte er nur mit aller Kraftanstrengung überwinden. Noch zwei Monate musste er bis Dienstende irgendwie überbrücken. Gefangen in einer furchtbaren Welt fand er doch immer einen Arzt, der ihn krankschrieb. Die Kettenhunde vom Militär verfolgten ihn, sie ließen nicht locker mit Drohanrufen oder erzwungenen Arztbesuchen. Er konnte sich immer gerade so herauswinden. Am 1.10.1992 trat er wieder seine Arbeit als Maschinenschlosser an. Immer nur Angst, bleierne Schwere er war nicht gewillt aufzugeben, seine Kollegen bemerkten natürlich sofort das Luis furchtbar geschwächt war. Aber in einer Fabrik muss man funktionieren, keine Zeit zum Verarbeiten, Aufarbeiten.
„Der Stärkere besiegt den Schwächeren", dieses überholte Lebensmotto war auch dort allzeit zugegen. Es war eigentlich ein Jeder gegen Jeden, mit Solidarität hatte das oft reichlich wenig zu tun. Luis beendete mit Christian die Mitgliedschaft im Motorradclub und lernte seine erste große Liebe Margit kennen. Anfangs war Margit abgeneigt, aber Luis war groß schlank und gutaussehend. Er hatte eine männliche Erscheinung, er war noch immer rebellisch was seine Margit beeindruckte. Sie waren jetzt 18 Monate ein Liebespaar, sie waren sich treu und bei Margit keimte genauso das Verlangen Antworten auf Lebensfragen zu finden. Sie kauften für einige tausend DM Bücher und verschlangen deren Inhalt, jetzt bekamen sie nach und nach Antworten, die ihnen vorher niemand im

Umfeld geben konnte oder wollte. Margit sagte irgendwann mal ganz enttäuscht zu Luis: „Du bist mit allen Wassern gewaschen und ich ……..", dabei sollte sie doch nach der Meinung von Luis froh sein, dass sie so behütet aufgewachsen ist und ein gutes versorgtes Leben hat. Luis liebte seine Margit über alles, sie gingen oft schwimmen, wanderten und verbrachten so gut wie jede freie Minute miteinander. Luis konnte sein Angsttrauma irgendwie überwinden, oder einfach nur mit aller Anstrengung in Schach halten, weiterzumachen verlangte im Alles ab. Das wahre brutale Ausmaß blieb seinem Umfeld verborgen, sie wollten es nicht sehen und wahr haben das der einst starke und selbstbewusste Luis so tief gefallen war. Margit machte eine Banklehre, obwohl sie hätte studieren können, Luis hatte Mühe diese geldgierige Denkweise zu akzeptieren, auch wenn es nur Arbeit war. Luis war jetzt sehr sparsam, blieb bescheiden und wollte mit den Freunden von einst nichts mehr zu tun haben. Mutter Johanna kam ihn jetzt oft besuchen, sie hatten viel zu besprechen, sie konnten die eine oder andere Sache aus der Vergangenheit aufarbeiten. Sie gingen oft spazieren in der umliegenden Natur, wenn Luis alleine war machte er sich auf den Weg in den nahe gelegenen Wald, dieser zog ihn magisch an. Trotzdem sein Gehirn stark beschädigt war joggte er durch die Natur, es erfüllte ihn immer wieder mit einer Genugtuung das er wieder ein bisschen Kontrolle über seinen Körper hatte. Die Gegenwart von Menschen, was er vorher so gemocht hatte, blieb für ihn eine kaum lösbare Aufgabe. Er konnte auch keine guten Entscheidungen treffen, sein Bewegungsradius war stark eingeschränkt, er musste sich sehr diszipliniert verhalten, um nicht unterzugehen. Er wusste instinktiv das er alleine war und egal was er unternahm, es würde nie wieder Heilung eintreten würde. Er suchte nach Antworten, wand sich bewusst von Hass und Gewalt ab, der dunkle Teil seiner Seele wurde durch die Krankheit ausgebremst. Nur wenn von Mitmenschen angegangen wurde, dann wäre er sicherlich bereit gewesen sein Leben oder das seiner Lieben mit Gewalt zu verteidigen. Wenn sich irgendwo die Gewaltspirale dreht dann kann man das ab einem gewissen Punkt nicht mehr ausbremsen, der Mensch anpassungsfähig und erfindungsreich versagt dann auf ganzer Breite. Wenn alles friedlich blieb bemerkte Luis konnte er sich doch auf eine andere Art und Weise entfalten. Er wollte immer eine Familie mit Kindern, es blieb ihm bedauerlicher Weise verwehrt. Er quälte sich durchs Leben, durch den kaum zu bewältigbaren Alltag, er war wie immer nicht bereit aufzugeben. Es kam dann doch wie es sollte, Ende 1993 brach er wieder völlig in sich zusammen, nach einer lächerlichen niedrigdosierten Einnahme von einem Antidepressivum. Vor zwei Jahren konnte er noch 10 halbe Liter Bier trinken, jetzt brachte ihn die kleinste Unregelmäßigkeit, Belastung zu Fall. Es war Weihnachten 1993, er hatte 14 Tage Urlaub, Luis lag nur noch wimmernd im Bett und konnte kaum noch auf Toilette gehen. Margit war verzweifelt, konnte nicht glauben was sich da vor ihren Augen abspielte, sie konnte nicht helfen aber ihre Gegenwart war Trost.

Angst ist unser stärkstes Lebensgefühl, es deformiert binnen kürzester Zeit, eine Tatsache, die für die meisten normalen Menschen erst mal, für viele für immer, im Verborgenen bleibt. Erst wenn jemand selbst drankommt, durch ein ungeplantes unvorhersehbares Ereignis dann werden Antworten gesucht, bei Luis war es nicht anders, sehr zu seinem Bedauern. Er hatte immer noch ein schönes Lachen, in der Vergangenheit hatte es ihm alle Türen geöffnet.

Ein Mensch hat bis zu 60 bis 70 Prozent am Tag ein Lächeln im Gesicht, fällt der Wert auf unter 20 Prozent oder gar unter 10 Prozent werden Menschen krank, sogar unheilbar krank. Zum ersten Mal seit zwei Jahren holte sich Luis Hilfe bei einem Psychologen, die Antworten, die er bekam, brachten ihn nicht wesentlich weiter.

In ihm wohnten jetzt aber Einsicht und Reue, er fügte sich seinem Schicksaal, seinem „Ficksal" wie er schon mal sagte. Er versuchte sich auch in einer therapeutischen Gruppe mitzuteilen und aufzuarbeiten. Die Leute missfielen ihm, es reicht ein Idiot in der Gruppe aus, um das Klima zu vergiften, er zog sich wieder in seine Welt zurück.

Arbeiten konnte Luis nicht mehr, er versuchte sich vier Wochen in einer psychosomatischen Klinik, er begegnete zum ersten Mal ärztlicher Willkür, Arroganz und Ignoranz. Die besten Therapeuten waren für ihn seine Mitpatienten, da wurde er ernst genommen und konnte Freundschaften für die Zeit nach dem Klinikaufenthalt schließen. Er war schwer krank, aber von seinem Verhalten her war er jetzt viel mehr gesund im Gegensatz zur vorher, als er noch funktionierte. Er brach mit seinem langjährigen Weggefährten Christian, weil er ihm auch überheblich gegenübertrat. Es folgenden Aussagen wie:

"Thomas, die Krankheit hat schon den richtigen getroffen, darüber sind wir uns alle einig".

„Ich habe alles richtig gemacht, schau` wo Du jetzt zurecht stehst".
Luis war wie vom Blitz getroffen, furchtbar verletzt.
Die schmerzhaften Aussagen arbeiteten so sehr in Luis das er mit einem Mal seinem über alles geliebten Christian hinter sich ließ. Christian schrieb Luis zwei sehr nette Briefe, Luis wusste das er alles verloren hatte, er war unverzeihlich. Am 15.4.1994 ließ sich Luis auf seiner Arbeit entlassen, er wurde zuvor noch von Kollegen mit Schlägen bedroht, konnte und wollte sich dort nicht mehr erwehren. Er hatte andere Ziel ins Auge gefasst, er wollte im sozialen Bereich tätig werden, er bekam eine Ausbildungsstelle als Ergotherapeut und als Heilerziehungspfleger. Luis absolvierte ein vier Wochen andauerndes Praktikum, es wurde klar, dass er mit seinem Angsttrauma keine Schule mehr besuchen kann. Er konnte nicht stillsitzen, geschweige denn ruhig stehen, er musste alles erzwingen. Er ließ von seinem Vorhaben ab und trainierte sich in der Natur, er ging wandern, oft so weit bis er fast zusammenbrach, erst dann kehrte er um. Er musste an seinen Grenzen bleiben, jederzeit bereit sein dem Tod gegenüberzutreten. Es machte ihn fertig, aber aufgeben das wäre zu einfach gewesen, er wollte Aufklärung, war jetzt um Wiedergutmachung bemüht. Er musste auch seine geliebte Margit hinter sich lassen, ihre Familie akzeptierte keine „Faulenzer".

Auch von seiner Schwester kamen jetzt Ausdrücke wie „Sozialschmarotzer". Luis traf die Entscheidung sich zurückzuziehen. Seinen Vater ging er ebenfalls hart bei einem Essen an.: "Schau` was unterwürfige Idioten wie Du bei einem jungen Menschen anrichten, ich möchte nicht wissen wie viele Rekruten du in den Wahnsinn getrieben hast, nur weil du die Macht dazu besessen hast". Und dann war da noch der kleine dumme Stinker von Ziehsohn, Schlammon, er war elf Jahre jünger als Luis und bekam alles in den Arsch geschoben. Er wurde nie geschlagen oder gedemütigt, er wurde mit seinen 13 Jahren zum Klugscheißer und wollte Luis dreist belehren. Diesen kleinen dummen Jungen hatte Luis jahrelang akzeptiert, er hätte ihn jetzt am liebsten mit Gewalt überzogen.

Die Verzweiflung über die Hilflosigkeit und das Unverständnis in seinem Umfeld erschütterten in bis ins Mark.

Am 14.9.1994 begab er sich erneut in eine psychosomatische Klinik, 250 Km weit weg von zuhause. Hinter Siegen in Bad Berleburg blieb er vier Monate, er konnte auch da nur eine geringfügige Gesundung erwirken. Er nahm jetzt wie zuvor jeden Schmerz, jede Demütigung auf sich, die Antworten, die er jetzt so nach und nach bekam, waren ebenfalls alles andere als befriedigend. Wo sollte diese Reise nur hinführen, das Chaos würde nie enden. Bei den Mitpatienten war Luis sehr beliebt, er fand sein Lachen wieder und war wie immer für einen guten Spruch zu haben. Er genoss nun wieder die Gegenwart von Menschen, jeder hatte sein Päckchen zu tragen. Wäre er nicht so tief gesunken, dann hätten diese Therapien sofort gegriffen.

Er ärgerte sich das er nicht schon in der Schule solche Dinge kennengelernt hatte. In einer Welt, in der sich alles nur um „HöherWeiterSchnellerBesser" dreht, bleiben die wesentlichen Dinge leider aus Acht. Was nützt es, wenn man Menschen unheilbar krank macht, um sie dann fast unmöglich zu heilen. 60 bis 70 Prozent aller Erkrankungen sind seelischer Natur, man müsste nur aufklären, die unbequemen Wahrheiten und Tatsachen ans Licht holen.

Unser Gesundheitssystem macht ab einem gewissen Punkt keinen

Sinn, da benötigt man andere Konzepte, die viel früher greifen. Alkohol zum Beispiel ist ein Schmiermittel für unsere Hochleistungsgesellschaft, Raubbau am eigenen Körper wird bagatellisiert und dreisterweise von allen Seiten befeuert.

Ein Leben ohne Drogen jeglicher Art mit der entsprechenden Sinnhaftigkeit sollte ein hohes gesellschaftliches Ziel sein, gerade bei Jugendlichen, die sich leicht verführen lassen. Keine Behinderung wegen Drogen oder Gewalt darf hingenommen werden, wir sind für das Positive gemacht, für das Fröhliche und Lebendige. Unnötiges überflüssiges Leid braucht kein Mensch, braucht diese wunderbare Welt nicht.

Luis lernte bei seinem Klinkaufenthalt Leute aus Köln kennen, wollte sich weg von seiner Heimat orientieren, in seiner Kleinstadt gab es seiner Meinung nach nicht genug Hilfsangebote. Er wollte diese traurige Welt hinter sich lassen, auf zu neuen Ufern aufbrechen, um vielleicht doch noch dem Leben ein paar gute Momente abzuringen. Ende April 1995 zog er nach Köln, bezog ein Zimmer bei einer Mitpatienten, eine magersüchtige Susanne. Im Bergischen Land hatte Luis eine Freundin, sie hatte zwei Kinder und war geschwächt von jahrelangen Drogen und Alkoholkonsum. Der große Sohn, der Raphael war fünft Jahre alt, der Kleine war gerade mal fünf Monate alt. Luis schloss den kleinen Jerome sofort in sein Herz, er wollte beschützen und versorgen. Um Raphael kümmerte er sich auch, soweit er konnte. Die Mutter war überschuldet und Luis half ihr wieder in ein schuldenfreies Leben zurück, er bezahlte innerhalb eines Jahres fast 15000,- DM um die kleine Familie zu stabilisieren. Luis funktionierte anders, er war großzügig, seine neuen männlichen Freunde mahnten ihn nicht so viel in die Beziehung zu investieren. Aber Luis machte sich so viel daraus, er war bescheiden, sein Wunsch an das Universum war, das immer genug Geld nachkommt, um halbwegs gut über die Runden zu kommen. Er fuhr einen Golf 2, machte sich nichts aus Immobilien, er wusste alles auf Erden ist nur geliehen. Er wohnte nur drei Monate in Köln-Mülheim, die

Mitbewohnerin Susanne vertiefte ihre Drogensucht und wurde noch aggressiver als vorher. Luis wollte das Verhalten und die ständigen Streitereien mit dem Vermieter nicht mehr mittragen. Er machte sich auf Wohnungssuche, es gestaltete sich schwer, aber wie so oft war ihm der „Liebe Gott", das Universum gnädig. Er rief seine Exfreundin in Bergisch Gladbach an, sie zog gerade aus ihrem kleinen 30 qm großen Apartment aus. Luis setzte sich umgehend mit dem Vermieter in Verbindung und konnte sofort in das Apartment einziehen. Nachdem dem Einzug orientierte sich Luis wieder Richtung Köln, er konnte nicht richtig arbeiten und holte sich in seiner Verzweiflung erneut Hilfe in der Tagesklinik Alteburger Straße. Er verblieb dort wieder vier lange zähe Monate. Er lernte die Großstadt mit ihren Bewohnern kennen, es waren nur einige wenige dabei die ihn ansprachen. Er freundete sich mit den Frauen an, die Männer waren ihm zu langweilig und zu einfach gestrickt. Der alltägliche Rhythmus wurde erzwungen, er bekam Rückmeldung, wo er steht, und war natürlich enttäuscht das er nicht mehr mithalten konnte. Er benötigte einen Geschützen Rahmen und das für den Rest seines noch jungen Lebens, diese Erkenntnis war niederschmetternd. Eins hatte Luis jedoch nicht verloren, seine verbale Schlagfertigkeit, den scharfen Blick für seine Mitmenschen. Am Wochenende fuhr er ins Bergische Land, um seine Freundin mit den zwei Kindern zu besuchen, er war sehr bemüht um die Kinder. Im Freundeskreis vor Ort waren noch mehr Kinder, die so gut wie jeden Tag vorbeischauten. Luis kaufte den Kindern Videospiele und ansonsten alle aktuellen Spielsachen, eigentlich alles was er sich selbst so als Kind gewünscht hat. Er nahm sich Zeit spielte mit ihnen und erzählte ihnen gerne lustige Sachen. Sie wollten unbedingt die Geschichten aus seiner Kindheit hören, wie er sich als Kind verhalten hat und wie er die Menschen um sich herum wahrgenommen hat. Luis war der Meinung, Kinder haben die Wahrheit verdient, wer soll denn ansonsten die Welt verbessern oder retten. Ohne Wahrheit keine Gerechtigkeit, ohne Gerechtigkeit keine Freiheit, ohne diese grundlegenden Tugenden kein Wohlbefinden für den Einzelnen und eigentlich für alle Menschen.

Den kleinen Jerome nahm Luis oft mit sich nach Hause, er war besorgt, weil sich die Mutter überfordert fühlte. Sie wollte Ruhe und wurde ihrer Mutterrolle nicht annähernd gerecht. Jerome forderte natürlich nachts seine Flasche ein, die Mutter überhörte ihr Baby. Luis wachte nachts auf, noch bevor Jerome anfing zu weinen, er stand sofort auf versorgte ihn mit seiner Flasche und wickelte ihn, wenn es sein musste. So zog die Zeit ins Land, Luis konnte seine Ängste nicht in den Griff bekommen, der Körper und der Geist blieben gelähmt, permanente totale Erschöpfung. Nach eineinhalb Jahren musste er sich schweren Herzens von Jerome`s Mama trennen, sie tauschte ihn aus gegen einen anderen Mann, von dem sie sich mehr Geld und soziale Anerkennung erhoffte. Luis war schwer verletzt, funktionierte aber gut genug, um unbeirrt weiterzumachen. Er war enttäuscht das sich scheinbar alles nur um Geld dreht, dass das was er für die Kinder geleistet hatte nichts wert gewesen sein sollte. Er liebte den kleinen Mann dann doch so sehr, dass seinen Konkurrenten akzeptierte und den Jerome alle 2 bis 4 Wochen zu sich nach Hause holte. Jerome war jetzt zwei Jahre alt und konnte laufen, er sagte zu Luis für eine kurze Weile Papa. Er übernahm einfach Verantwortung, er musste keine eigenen Kinder haben, die Kinder ohne Vater oder Mutter waren genauso dankbar. Die kindliche Fröhlichkeit war sehr belebend für Luis, Hilfestellung geben beim Aufwachsen, Wissen vermitteln, das schien das einzige zu sein was irgendwie wirklich Sinn machte. Alle Dinge im Leben wiederholten sich, waren nach einer Weile langweilig, nicht mehr erstrebenswert, aber Kindern eine gute Zeit zu schenken, in so einer düsteren Zeit, das machte durchaus Sinn. Jerome war wie Luis in die schönste aller Welten und in die schlimmste aller Welten geboren, eine schöne behütete Kindheit war der Schlüssel für ein erfolgreiches Erwachsensein, das für alle zuträglich sein sollte. Der belesene Luis verzweifelte am Zeitgeist, er hätte am liebsten die ganze Welt gerettet, ihm war klar das nur im kleinen Rahmen durchsetzen kann,

indem man als Vorbild vorangeht. Bis Jerome 14 Jahre alt ist bleibt er ein lieber lustiger Schatten von Luis. Er blieb nach der Trennung von Daniela erst mal für ein Jahr ohne Freundin, versuchte mit einer Rehamaßnahme als Maschinenschlosser wieder Fuß zu fassen, er wusste um sein Geschick, sein Wissen und sein Feingefühl als Handwerker. Er konnte sehr schnell technische Dinge erfassen und nach Belieben verändern und manipulieren, aber mit der zwanghaften hierarchischen Arbeitswelt konnte er nichts mehr anfangen. Er konzertierte sich auf die technischen Anforderungen, absolvierte einige Praktikumsstellen bei den er sofort hätte übernommen werden können, sein ständiger Schwindel, beißende Angst, die bleierne Schwere hinderten ihn daran sich auch nur ansatzweise zu entfalten. Die Rehamaßnahme dauerte 15 Monate mit dem Ergebnis, das es zu keinem Ergebnis führte. Er lernte dort zum ersten Mal einen Sozialarbeiter kennen, den Herrn Müller aus Oberhausen, er war Luis zugewandt, konnte mitfühlen. Mit den beiden Werkstattmeistern kam er nicht gut klar, sie waren autoritär, sie blendeten die seelische Erkrankung von Luis völlig aus. Er fühlte sich in deren Gegenwart unwohl, sie schätzen die Arbeit von ihm und stellten sehr schnell fest das Luis dominant war, mit seiner individuellen Art und Weise sich in der Gruppe zu bewegen.
Er machte mit den Kollegen Späße, er kam gut an und war schnell sehr beliebt. Es gab einen Ergotherapeuten, den er anfangs nicht gut leiden konnte, im ersten Gruppengespräch stellte er den kaum älteren Herrn Sieg zur Rede. Dieser war kurz zuvor aus der Psychiatrie Köln-Merheim zum BDZ übergewechselt, er wertete die Reha Teilnehmer ab und gab unsinnige Befehle. Tiefes Schweigen in der Gruppe, keiner traute sich etwas zu sagen als Luis vorwärtsging, Wichtigtuerei und Arroganz damit hatte er seit seiner Kindheit große Probleme. Nach dem Gruppentreffen war der Ergo wie gewandelt, er begegnete den Teilnehmer jetzt mit Vorsicht und dem nötigen Respekt. Nach einer Weile freundete sich Luis sogar mit dem Ergo an, auch der Herr Müller wuchs ihm ans Herz. Herr Müller baute in

Oberhausen ein Haus, die Treppe fehlte. Es wurde für 900,- DM Material gekauft, es lag erstmal nur herum und es fand sich niemand, um dieses Projekt umzusetzen. Es gab eine technische Zeichnung, am PC konstruiert, aber ohne fähige Handwerker nicht umsetzbar.

Luis bot sich an die Stahlstangen zu sägen und legte die Treppenwangen zurecht. Der einfältige Hermann, sein Kollege verstand nicht ansatzweise wie die Treppe aufgebaut war, er konnte aber sehr gut schweißen, dazu war Luis nicht in der Lage, sein permanenter Schwindel machte ein ruhiges stabiles Stehen unmöglich. Zusammen konnten sie innerhalb einer Woche den Auftrag fertigstellen, sehr zur Freude von Herrn Müller. Die Werkstatt machte sogar einen kleinen Betriebsausflug auf die Baustelle, danach war bei einem Essen gemütliches Beisammensein angesagt. So zog auch hier die Zeit ins Land ohne Aussicht auf Besserung.

Wenn Luis frei hatte joggte er im nahen Wald, er konnte bis zu 15 km sehr schnell und ausdauernd laufen. 50 Liegestütze, 200 Situps waren für ihn kein Problem. Er konnte den Schwindel und seine Schmerzen bis in einen extremen Bereich kontrollieren. Er wollte nicht aufgeben, aber er war dazu verdammt alleine zu trainieren. Im Wald konnte er sich gut bewegen, er machte Versuche wie weit er mit der Angst und den Missempfindungen gehen kann. Am Rheinufer konnte er unter Menschen gerade mal einige hundert Meter joggen, laufen, danach versagten ihm die Beine, sie wurden schwer wie Blei. Unerträglich, aber es blieb immer die Genugtuung diese Kraft und Energie in sich zu finden, es fühlte sich dann doch gut an. Luis erfand für sich das „Angstvernichtungstraining", er fuhr mit der Bahn irgendwo hin, ging spazieren, oft fand er sich in der Innenstadt von Köln wieder. Er trainierte, wie er sich durch die Menschmassen bewegen konnte, es war alles so irreal, diese Wahrnehmung schmerzte unerträglich. Am Wochenende abends ging er in der Stadt aus, er traf sich ab und zu mit einem Kollegen und genoss es zu tanzen. Luis liebte es sich nach Musik zu bewegen, er hatte seinen eigenen Tanzstil, den er mit der Zeit immer weiter verbesserte. Er wusste das er bei den Frauen optisch gut ankam, blieb aber in der Regel defensiv. Er ging einige kurze Beziehungen ein, aber mit den Frauen aus der Stadt kam er nicht gut klar. Luis war feinfühlig, zärtlich, konnte sich gut ausdrücken. Aber eins hatte er nicht, Geld, er entschied sich immer für die Armut und das Alleinsein und das ganz bewusst.

Die Rehamassnahme endete ernüchternd. Luis war jetzt so sehr in die Defensive gedrängt das alle staatlichen Unterstützungen ausliefen, er stand vor dem Nichts und wusste das Elend wird auch nicht wieder aufhören. Trost fand er in dem kleinen Jerome den er alle 3 bis 4 Wochen abholte, es war nicht sein Kind aber er behandelte ihn wie sein eigenes. Es gab eine andere alleinerziehende Mutter, Sabine mit ihrer Tochter Stella, er besuchte die beiden ab und zu, half der alleinerziehenden Mutter, wo er konnte. Sie waren nur befreundet, irgendwie war für Luis die Sabine unheimlich, sie hatte etwas zu verbergen. Es wurde wie sooft undankbar nach einer Weile und Luis zog sich enttäuscht zurück, er hatte viele undankbare Menschen in seinem Leben kommen und gehen sehen. Nach einem Jahr rief Sabine Luis nochmal an, sie redete durcheinander, sie hatte das Sorgerecht von ihrer vierjährigen Tochter Stella verloren.

Sie sagte zu ihm: "Luis, wenn du noch da gewesen wärst, wäre das nicht passiert." Luis hatte das Interesse an ihr verloren, war genervt von den Unverschämtheiten, er verabschiedete sich und nahm keinen Kontakt mehr auf. Im Nachtleben von Köln lernte seine erste Ehefrau Farina kennen, sie war keine Schönheit, er ließ sich kaufen. Farina war Französin algerischer Abstammung und bei der Firma Ford als Ingenieur eingestellt, sie hatte ein gutes Gehalt und zusammen hätten sie sich ein schönes Leben machen können.

Luis war so tief gesunken das er für sechs Monate in einer Behindertenwerkstatt anheuerte. Er reparierte die Maschinen vor Ort und half in der Schlosserei aus. Er konnte nur fünf Stunden arbeiten, für mehr reichte seine Kraft nicht. Bei seinen Kollegen war er auch da schnell beliebt, seine lustige fröhliche Art kam gut an. Nachdem alles ausgereizt war ließ Luis sich entlassen, er suchte

nochmal Rat in der Alteburger Psychiatrie. Ließ sich fünf Wochen stationär aufnehmen. Als er dort ankam hatte gerade ein Patientin Selbstmord begangen, die brutale Realität seiner Erkrankung holte ihn da wieder ein, es war unheimlich. Die Ärzte waren ratlos, entgegen allen anderen Psychiatrien bundes- und weltweit agierten sie behutsam. Als auch nach fünf Wochen die Diagnose und die Medikation nicht feststand wurde Luis ungeduldig, er stellte den Chefarzt zur Rede, es kam sofort zum Bruch, Luis ließ sich nicht arrogant und unverschämt ansprechen. Die Dreistigkeit und Härte, die der Chefarzt durchblicken ließ machte ihn zornig. Luis kehrte nach Hause zurück, Farina und er zogen dann nach Köln-Blumenberg in eine große neugebaute Siedlung. Die Wohnung war 65 qm groß, Luis richte sie schön ein, baute selbst die Küche, es war sehr gemütlich. Sein Alltag bestand jetzt aus Kinderspielsachen bauen, der große Flur wurde in eine Holzwerkstatt umgebaut. Fast 2 Jahre bastelte Luis tolle Spielsachen, ein großes Puppenhaus mit 3 Etagen, funktioniertem Kamin und Beleuchtung waren so ein Hit.
Das schönste Puppenhaus wurde an 12 Kinder weitergereicht, wenn die Kinder damit fertiggespielt hatten reparierte es Luis und reichte es an andere nah stehende Kinder weiter. Die überdimensionierte Freude der Kinder, die immer greifbar war, wenn sie mit dem Puppenhaus und den anderen gebastelten Sachen spielten bewegte, drängte Luis zum Weitermachen. Er erinnerte sich an seine Kindheit als ihm sein Onkel Rainer eine supertolle Ritterburg aus Holz anfertigte, alle Kinder waren neidisch auf so ein wunderschönes Spielzeug. Luis bastelte dem Jerome zum Beispiel eine Rucksackritterburg zum Mitnehmen mit einer beleuchteten Windmühle. Jerome konnte die Ritterburg als Rucksack mit in den Kindergarten nehmen und ordentlich angeben. Luis liebte den Jerome so sehr, es war noch nicht mal sein eigenes Kind, das Farina tüchtig dauereifersüchtig wurde. Es kam immer wieder mal zu fiesen Eifersüchteleien, sie verlachte ihn weil er sich um ein fremdes Kind liebevoll kümmerte. In Blumenberg gab es auch zwei türkische

Nachbarkinder, Luis freundete sich mit den Eltern an und die Kinder Buket und Demet kamen jetzt fast jeden Tag zu Besuch.

Luis wollte keine eigenen Kinder mit Farina, sie war nicht seine große Liebe und die Depression, das Angsttrauma hing wie ein dunklere Schatten über allem. Er konsultierte einen niedergelassenen Arzt und stellte sich selbst auf ein Antidepressivum ein. Er war drei bis Wochen zu überhaupt nichts mehr fähig, einfach ins Bett gedrückt, der Puls stieg nachts auf 140 bis 150 Schläge in der Minute. Er konnte das mit dem Pulsmessgerät verfolgen was natürlich zu noch mehr Angst führte. In einer Klink hätten die Ärzte noch eine höhere Dosis angeordnet. Wenn das Gehirn eines Menschen zu stark beschädigt ist, dann reichen geringfügige Veränderungen im Umfeld oder an der Medikation aus, und ein körperlich und mental starker Mensch wie Luis verstirbt aus nicht zu verstehenden Ursachen. Das Leiden liegt nicht im Bereich der Wahrnehmung eines gesunden Menschen, Mitfühlen ist oft Fehlanzeige. Farina machte sich lustig über Luis wie viele andere Menschen vor ihr, verspottete und verachtete ihn als er mit mit beißender Angst, um sein Leben am Kämpfen, im Bett lag.
„Wer den Schaden hat muss für den Spott nichtsorgen"
Die Römer sagten immer: " Veh Vitims". „Wehe den Besiegten".
Einer solch brutalen Erkrankung standzuhalten, funktioniert aber nur mit einem toleranten, verständnisvollem Umfeld. Das reine Versorgen eines Menschen reicht nicht aus, wer da nicht bereit ist jeden auferlegten Schmerz auszuhalten, der verliert nach wenigen Tagen und Wochen. Luis folgt wie immer seiner inneren Eingebung, er ist bereit alles zu geben um die Schuld, die er in jungen Jahren auf sich geladen hatte wiedergutzumachen. Mit einem Freund Norbert spielte er noch eine ganze Weile Schach, Videospiele, bis er die Lust daran verlor. Mit 28 Jahren bekam er jetzt eine Rente auf Zeit, zwei Jahre lang, es kränkte ihn, er wollte seinem Leben doch noch einen Sinn abgewinnen. Selbstsucht und Habgier liegen Luis nicht, er stellt sich lieber in den Dienst von seinen Mitmenschen soweit er es irgendwie leisten kann. Er kann sich gut daran erinnern was ihn als

Kind antrieb, die Lebensfreude, das Spielen, das Fröhliche.

Er empfand es ehr als seine Aufgabe und seine Mission Kinder und Erwachsene mit Wissen, Erfahrung und Freude zu versorgen.

Nachdem sich immer deutlicher abzeichnete das die Beziehung zu Farina nur ein Platzhalter war, begann Luis sich mit der Idee selbstständig zu arbeiten auseinanderzusetzen. Er überlegte was er mit seinem Fachwissen als Maschinenschlosser, seiner Erfahrung im Handwerk alles anfangen könnte. Er stellte sich vor als selbständiger Handwerker in Köln zu arbeiten, dazu kaufte er sich alle möglichen Bücher im Bereich Auto und Immobilien. Er hatte irgendwo gelesen, wenn man sich etwas lange genug vorstellt und natürlich auch die Dinge praktisch angeht dann bekommt man diese Dinge vom Universum, von Gott geschenkt. Positives Denken und all der einseitige spirituelle Käse reicht aber nicht aus. Man muss auch realistisch sein, die Menschen und ihre Machenschaften kennen, ihre Wünsche und Sehnsüchte erahnen. Luis war bescheiden, er wollte die Welt nicht besitzen, er wollte sie verstehen und zu einem besseren Ort machen. Im Kleinen, bei den Seinen, mit Liebe und Geduld bringt man die Sache auf den Weg sollte man meinen. Bis er 30 Jahre alt war ging Luis durch 2 Dutzend Situation in denen er eigentlich hätte versterben müssen, er verstand das er einfach immer weiter machen sollte, vielleicht konnte er den Menschen eine Antwort geben, die sie so im Alltag nicht finden konnten. Das Leiden und die widrigen Umstände, in denen er sich permanent befand, waren der ultimative Motor, um vielleicht etwas Ausgewöhnliches zu schaffen und zu demonstrieren. Etwas altes Neues, nur anders verpackt. Eine Kombination von absolutem Willen, Vorstellungskraft, und Fügung. Er mietete zuerst in Köln-Kalk eine Wohnung an, die er in eine Werkstatt umfunktionieren wollte, gute Idee aber kaum umsetzbar, es scheiterte nach 2 Monaten an dem knappen Budget und an der schlechten Lage der anmieteten Immobilie. Resigniert gab Luis vorerst auf, von 20 000 DM, die er sich durch Farina bei einer Bank geliehen hatte, war nur noch die Hälfte übrig. Das penetrante

Feilschen um Geld lag Luis nicht, widerwillig stellte er sich all den Wichtigtuern und arroganten Zeitgenossen. Er musste lernen das man Leute unter Druck setzen musste, um an sein Geld zu kommen, welches man ja dringend zum Lebensunterhalt benötigte. Er lernte jetzt, wie man Häuser baut, das wichtigste am Häusle bauen war, das man das Wasser draußen hielt, solche und andere Dinge brachte er sich jetzt selbst bei. Er brachte sich das Lackieren und Reparieren von Autos selbst bei. Er hatte da ein unglaubliches Talent all die schönen Dinge zu schaffen die die Menschen so haben wollten, es erforderte Geduld und Weitsicht, um irgendwie in dem Großstadtgewirr durchzukommen. Es war sehr spannend all den Kindermenschen zu begegnen und sie irgendwie zufrieden zu stellen. Luis mietet 1999 seine zweite Werkstatt in Köln-Lövenich an, da arbeitete er dann fast zwei Jahre lang bis 2002. Wie von Geisterhand bewegte sich alles auf Luis zu, er war zäh, wusste was er wollte und verlos nie seinen Mut der ihn soweit getragen hatte. Die Selbstsucht und Habgier der Kunden machte sich Luis zu nutzen, er wollte sich gut versorgen und gab seine Rente zurück. Er lieferte sich trotz seiner Erkrankung wieder dem ganz normalen Wahnsinn aus. Aus heutiger Sicht war das ein Selbstmordkommando, trotzdem sollte er 12 Jahre mit der Idee und Umsetzung von dem „Selbstständigen Handwerker" Erfolg haben, natürlich mit den entsprechenden Rückschlägen. Er lernte seine Kraft einzuteilen, er konnte 5 bis 6 Stunden körperlich arbeiten, danach arbeite er 3 bis 4 Stunden an seiner Vermarktung. Er lernte sich zu präsentieren, er lernte fair zu Feilschen und blieb so ehrlich wie irgend möglich seinen Kunden gegenüber. Nach 2 bis 3 Jahren war er ein anerkannter vielseitiger souveräner Handwerker der schnell aus seinen Fehlern lernte, er hatte Freude Dinge zu schaffen. Und wenn dann doch mal etwas nicht den Kundenwünschen entsprach, er Fehler gemacht hatte, war Luis sehr bemüht die Sache schnell in Ordnung zu bringen. Er bewegt sich beständig am Abgrund, an seinen physischen und mentalen Grenzen. Das er irgendwie frei und selbstbestimmt bestehen konnte war für ihn eine Genugtuung.

Im Jahr 2000 verließ er seine Ehefrau Farina, sie liesen die Ehe annullieren, als hätte sie nie stattgefunden. Es trieb ihn weiter, Luis hatte keine Probleme Frauen kennenzulernen, er verliebte sich in Christina. Seine langjährige Freundin Regina sagte zur Beziehung es ist wie „Perlen vor die Säue zu werfen". Luis hatte Talent sich in schöne Frauen zu verlieben, nach einer Weile waren sie dann oft auch schön blöd, aber was solls. Christina hatte eine fünfjährige Tochter, die wilde Lisa. Eine Exfreundin sagte mal zu Luis: „Bist du mit mir zusammen oder mit den Kindern". Da musste er lachen, er fühlte sich nicht mehr wohl in den Männerkreisen, das ständige Konkurrenzdenken nervte ihn, lenkte ihn von seinem Weg, seinem Konzept ab. Es war für ihn immer wieder sehr ernüchternd, wie die Frauen, die er auswählte auf die materiellen Dinge schauten.
Sie blickten auf das was andere hatten, nicht auf das wa sie sind.
Er war darüber oft enttäuscht und traurig das die Kinder sein fröhliches und lebendiges Wesen so deutlich wahrnahmen, dass sie sofort alles was sie für gut befanden kopierten. Die meisten Frauen hatten diesen Blick leider irgendwann verloren.
Es gab schon mal ein lustiges „Um die Wette furzen mit den Kurzen" ohne das es dabei völlig ausartete. Luis sprach in Reimsprache mit den Kindern, es war sofort immer ein Lachen da, wie aus dem Nichts konnte man damit gute Laune verbreiten. Christina wurde nach drei Monaten von Luis schwanger und ließ das Kind abtreiben, nur aus Selbstsucht. Beide hatten jeden Monat fast 5000,- DM zur Verfügung. Christina reichte nicht was sie zusammen hatten, sie wollte immer mit den „Reichen und Schönen" flanieren. Wenn ein Paar eine bewußte Abtreibung vornimmt, Luis war nicht einverstanden, geht die Beziehung in die Brüche. Christina und Luis blieben doch fast zwei Jahre mit einer Unterbrechung zusammen. Luis reichte wie allen anderen Menschen immer wieder die Hand, er wollte es dann oft nicht wahr haben, das es besser ist weiterzuziehen, loszulassen und sich zu entlasten. Wenn man richtig in der Tiefe liebt, wie Luis seine Christina dann kämpft man lange, auch wenn die erdrückende

Entscheidung zu Gehen auf der Hand liegt. Luis fuhr die Stadt Köln rauf und runter, um seinen Lebensunterhalt zu sichern. Als der Laden im Jahr 2001 lief hätte er 24 Stunden arbeiten können, um alle seine Kunden zu bedienen. Es war alles sehr abenteuerlich, mit dem erwirtschafteten Geld leistete sich Luis die Kinder Jerome und Lisa glücklich zu machen, auch anderen Gastkindern gegenüber war er großzügig, wenn sie alle zusammen etwas unternahmen. Schwimmbad, Indoorspielplatz, Essen gehen, etc., das kostet ordentlich. Für schöne Kleidung, schöne Autos oder Statussymbole jeglicher Art hatte Luis kein oder wenig Verständnis, mit Luxus hielt er sich zurück, er kannte die Schattenseiten nur zugut die hinter diesen geradezu teuflischen Dingen standen.

Mag sein das sich das hier schon mal nach „Selbstbeweihräucherung" anhört, entscheiden sie selbst, eine Sozialarbeiterin sagte später mal zu Luis. „Wer kann der kann", oder wie er schon mal selbst von sich sagte „Eigenlob stimmt", natürlich nur bis einer gewissen Grenze. Luis verlies seine heißgeliebte Christina dann doch irgendwann schweren Herzens, Gleichgültig, Lieblosigkeit das war für ihn schwer zu ertragen, es macht verrückt, regelrecht behindert. Solange man die Wahl hat, sollte man dann doch handeln, man verliert sich ansonsten selbst. Das Alleinsein, nichts das Einsam sein, ist dann die unliebsame Konsequenz. Es ist aber erheblich besser zu ertragen als sich ständig selbst zu belügen oder erniedrigend belogen und betrogen zu werden. Und das Nicht-sagenlügen ist die schlimmste Form der Lügerei, Ehrlichkeit und Wahrheit ist eben schwer zu leben. Sagt man zu viel Wahrheit wird man bekämpft oder umgebracht, ist man nur am Lügen und Betrügen wird man auch bekämpft und umgebracht. Das Maß zu finden, indem die Notlüge bestand hat und nicht zur Dauerlüge wird, die Grenzen verschwimmen schnell, trotzdem sollte man alles tun, um Wahrheitsfindung bei sich und anderen anzustoßen. Dazu gehört es alle Menschen mit dem nötigsten was sie zum Leben brauchen zu versorgen. Hier in Deutschland wird es zumindest versucht und wird ein Stück weit gesetzlich erzwungen, dafür war Luis sehr dankbar, es kam ihm zugute. Aus diesem Grund war er immer bestrebt der Gesellschaft und seinen Mitmenschen etwas zurückzugeben.

Ein türkischer Freund der mit dem Luis öfter zusammenarbeitete sagte mal tröstlicher Weise zu ihm: "Auch wenn es mal nicht so läuft, dann mach` einfach weiter, bis es wieder besser wird".

Diese Aussage, Weisheit lässt kein Nein zu, drängt zum Weitermachen, nimmt schwere Rückschläge und Verletzungen in Kauf. Luis heiratet noch im Jahr 2001 erneut, seine zweite Frau Sazija, sie stammt aus dem ehemaligen Jugoslawien, sie ist wie seine erste Frau muslimischer Abstammung. Sie bleiben sieben Jahre verheiratet und führen eine offene Beziehung. Der Umgang miteinander ist liebevoll und Luis kümmert sich so gut er kann. Beide verlieren sich ab und zu in andere Beziehungen, Luis geht gerne tanzen und verliebt sich schon mal in die eine oder andere Frau. Sie wohnen erst in Köln-Lövenich und ab 2002 in Frechen, bei den Frechen neben Köln.

In seiner Hinterhofwerkstatt bastelt sich Luis durch die Welt, durch das nahegelegene Köln. In seiner Freizeit kümmert er sich liebevoll um seinen Ziehsohn Jerome, lange acht Jahre hat er ihn immer wieder bei seiner Exfreundin im Bergischen Land abgeholt und mit allen möglichen Dingen und Spielsachen, die kein Mensch braucht, versorgt. Im Jahr 2002 zieht über seinem Apartment in Frechen eine Familie mit zwei Kindern ein. Jerome, Patty und Supernati finden sich als Freunde, der Nachbarpapa bemerkte nach 3 bis 4 Wochen: "Meine Kinder sind ja voll am Aufblühen, wie machen sie das nur?" Die Mutter sagte nach einer Weile: „Der Luis hat auf alle Kinder eine magische Ausstrahlung und Anziehungskraft". Kinder bemerken, wenn man ihnen zugewandt ist, sie lieben die Wahrheit, das Lustige, das Fröhliche, sie möchten die Welt verstehen, gut behütet, unbeschwert und glücklich sein. Manche Menschen sagen Kinder sind kleine Erwachsene, besser wäre es doch zu sagen, Kinder sind kleine fertige Menschen, die alles Wissen und Weisheit in sich tragen, um dann irgendwie ihren Weg in die Welt zu finden. Das kleine vierjährige Nachbarmädchen wird jetzt der liebste und lustige Schatten von Luis, für vier Jahre lang. Sie wird von Luis sinnigerweise Supernati genannt, und wenn man jemanden so betitelt dann ist es auch irgendwann so. Die Eltern sind viel unterwegs für ihre Hundeschule, Luis repariert auf dem Hof seine Autos und Supernati darf schon mal bei ihm bleiben, sie bekommt die tolle, dolle Welt erklärt. Luis bringt ihr Schwimmen, Radfahren und vieles mehr bei, achtet aber darauf das nicht zu viel Nähe entsteht, die Sorgen, Grenzen und Wünsche der Eltern werden immer respektiert. Es gibt zwei einfache Spielregeln: „Es wird immer alles angesprochen, egal was gemacht oder gesagt wird, es gibt keine Geheimnisse. Die Eltern können jederzeit kommen, die Tür bleibt immer auf oder sie wissen, wo wir uns befinden". Die Menschen suchen immer einen Schuldigen und wenn irgendwelche bösartige Verdächtigungen aufkommen muss man sich zurückziehen und gut abgrenzen. Die Dinge, die dann gut angelegt waren, man wollte sich kümmern, weil sich ansonsten keiner richtig kümmert, das kann man dann nicht mehr umsetzen. Die Kinder machten Luis die schönsten und ehrlichsten Komplimente, „Luis, ich werde gerne von Dir „bewöhnt", so die kleine Supernati mit fünf Jahren. Oder die kleine Lisa mit fünf Jahren: "Luis warum bist du eigentlich so lustig und die anderen nicht, die sagen mir immer nur was ich machen soll, die sind voll langweilig, ich möchte mit Dir auf die Arbeit gehen". Es gab einen Streit zwischen der siebenjährigen Supernati und einer Freundin in der Schule. Alle Kinder wollten nur mit der fröhlichen Nathalie spielen, sie hatte 10 Freundinnen und das streitsüchtige Anwaltkind keine. Luis fragte nach, sah das Nathalie etwas bedrückte und fragte, warum mit dem Anwaltkind keiner spielen will. „Die Mira will immer nur bestimmen", „und wie machst du das im Umgang mit den anderen Kindern". Nathalie: „Ich bestimme am meisten, aber ich lasse die anderen Kinder mitbestimmen". Er erkannte sofort das die kleine Supernati sein Wesen kopierte, er war geschockt das man das kleine Mädchen dafür von allen Seiten angriff. Selbst die Eltern stellten sich erst nach einer

Weile hinter ihre Tochter, die Autoritätshörigkeit und Obrigkeitshörigkeit versagten dem Kind für ein paar Tage ihren Rückhalt. Das Geborgensein, Behütetsein, „Vor sich Hinträumen" kam ins Wanken. Luis konnte nicht viel tun, aber er bewegte die Eltern sich zur Wehr zu setzen und den Anwalteltern die Streit suchten den Kampf anzusagen, sie notfalls mit letzter Konsequenz zu begrenzen. Luis tut, macht und kämpft bis ins Jahr 2006 so weiter, die Krankheit fordert natürlich erneut seinen Tribut, er lässt körperlich stark nach und hat Mühe seinen Zahlungsverpflichtungen nachzukommen. Er blieb seinen Kunden gegenüber immer ehrlich, jetzt ertappte er sich selbst beim Lügen und Betrügen. Er führte zwei Reparaturen durch, die er berechnete, aber nicht ausführte. Von sich tief enttäuscht, resignierte er so langsam. Es gab außerdem einen Erbstreit mit seiner Familie, auch hier unterlag er. Er hatte über Jahre zwei Jugendliche ausgebildet, die auf dem normalen Arbeitsmarkt keine Chance gehabt hätten, sie waren jetzt seine einzigen Gäste. Leonardo, ein portugiesischer 19-jähriger Junge und Massimo, ein italienischer 18-jähriger Junge kamen noch ab und zu bei ihm vorbei. Luis half ihnen das sie bei anderen Firmen unterkamen, auch für sie hatte er keine Kraft mehr, sie hatten sich aber gemacht und es war klar, dass sie da draußen irgendwie bestehen konnten. Sie besuchten ihn im Jahr 2011 noch einmal als er tief gesunken war und sagten zu Luis: "Das war unsere schönste Zeit im Leben als wir bei ihnen gearbeitet haben". Im Jahr 2007 und 2008 verkaufte Luis sein teureres Werkstattinventar und behielt nur das nötigste Werkzeug, um eventuell später doch wieder seine Selbstständigkeit aufzunehmen zu können. Aber es war klar, dass es erst mal über lange Zeit nicht funktionieren würde. Im Jahr April 2008 verstarb seine Schäferhündin, die er drei Jahre lang gepflegt und versorgt hatte, sie sollte im Jahr 2005 eingeschläfert werden, weil sie misshandelt von einer Familie zurück an den Nachbar gegeben wurde, sie war für seine Zucht nicht mehr zu gebrauchen. Luis erbarmte sie der Schäferhündin und bei ihm hatte sie ein gutes

Restleben. Im Jahr 2008 ließ Luis sich von Sazija scheiden und er zog nach Bergheim in eine heruntergekommene Siedlung. Hier wohnten außerhalb von Bergheim nicht viele Menschen, es glich alles ehr einem Gruseldorf. Kriminalität und Drogensucht waren hier alltäglich. Die Menschen waren hier bunt gemischt, alle am Rande der Existenz, kein guter Ort, um sich zu entfalten. Luis gibt auch hier nicht auf, bleibt überwiegend für sich, alle um ihn herum sind nur auf der Suche nach Geld und sinnlosem Vergnügen. Ende 2010 verfällt Luis für eine Weile dem Alkohol, er ist alleine betäubt sich, findet keine ansprechenden Menschen. An Weihnachten 2010 nimmt er Kontakt zu seiner Exfrau Farina in Frankreich auf, sie weiß um das handwerkliche Geschick von Luis. Sie hatte mittlerweile einen achtjährigen Sohn den Max, auch hier erhoffte sich Farina Unterstützung von Luis. Sie wurden handelseinig, aber Luis überschätzte sich, er hatte keine Kraft, um körperlich lange zu arbeiten, trotzdem zog er am 2.2.2011 nach Frankreich zu Max und Farina. Er ließ erneut alles hinter sich, wollte ein neues Leben anfangen, eine weitere unglückliche Entscheidung, sich erneut in Abhängigkeit zu begeben und dann so weit weg von seiner eigentlichen Wahlheimat Köln. Nach 4 Wochen Probewohnen holte er seine Habseligkeiten in Bergheim ab und wollte auch hier in Frankreich irgendwie einen Sinn und eine Bestimmung finden. Farina hatte jetzt die volle Kontrolle über Luis, sie zeigte erneut ihr wahres gieriges gemeines Gesicht und setzte Luis unter Druck. Dass er sich liebevoll und geduldig um Max kümmerte, das übersah sie großzügig. Luis konnte 4 bis 5 Stunden arbeiten, war aber zu schnell müde und erschöpft. Er fing wieder an 2 bis 3 Bier am Tag zu trinken, es kam sofort zum Bruch zwischen ihm und Farina. Sie verbannte ihn 60km entfernt auf ein altes Bauernhaus, das er renovieren sollte, hier war er völlig alleine, erneut in einer 100 Einwohner großen gruseligen Siedlung. Jetzt wird es wie sollte es anders sein richtig dramatisch, die Isolation und Hilflosigkeit sind erdrückend. Luis richtet sich provisorisch ein, er wusste das jetzt nachdem er obdachlos war, keine Gnade zu erwarten hatte. Am 21 April 2011 begann die Odyssee, bis zum 21.6.2021 wurde ihm von Farina ein Ultimatum gestellt. Falls er bis dahin nicht seine Arbeit aufnahm, und Luis wollte, aber konnte nicht, dann würde er mit der Polizei aus dem Bauernhaus entfernt, das er krank war und sich doch Mühe gab interessierte Farina nicht. Der achtjährige Max war außer sich, er wollte Luis beim Abschied nicht mehr loslassen, er musste wie so oft gehen und traurige Kinder hinter sich lassen. Luis war optisch schwer angeschlagen, man sah ihm den permanenten Überlebenskampf an. Max hatte einen Freund den Logan, sie verbrachten viel Zeit miteinander, obwohl Luis nicht gut Französisch sprechen konnte. Sie litten unter dem Verlust von Luis, der ihnen von den Erwachsenen aufgezwungen wurde. Logan fiel für alle unverständlich eine Woche in ein Wachkoma und drohte zu versterben, Farina meinte das wohl mit Wegbleiben von Luis zusammenhängen konnte, der Junge wurde zu Glück wieder gesund. In dem Dorf gab es einen schwer alkoholkranken Dachdecker, der einzige Kontakt in dieser völligen Abgeschiedenheit. Luis fuhr einen 15 Jahre alten Ford Mondeo Kombi. Damit konnte sich Luis ganz gut versorgen, leider war der TÜV abgelaufen und die dringend notwendigen Reparaturen konnte Luis nicht durchführen. Das Geld war zu knapp, es war kein Platz zum Reparieren vorhanden, es fand sich kein fester Untergrund. Marta der tiefgefallene Handwerker bat jetzt Luis so gut wie jeden Tag ihm Alkohol zu beschaffen, er trank einen Liter Schnaps am Tag und fiel von einer Ecke in die andere. Er war gerade dabei sein Haus zu verlieren, seine Frau ließ ihn im Stich als er nach einem Unfall nicht mehr arbeitsfähig war, sie war sofort mit einem anderen Mann zusammen was Marta schwer verletzte. Trotz allem machte es sich Luis mit Marta gemütlich, die Ängste gerade nachts drohten ihn immer wieder aufzufressen. Es war alles so aussichtslos, jetzt gingen Luis auch noch die Medikamente aus, er wollte sich kümmern, aber die nächste Stadt in Lotringen war 40km entfernt. Luis rauchte bis zu 40 Zigaretten, trank bis zu 7 Bier am Tag, er grillte öfter mit Marta, sein Alltag war geprägt von Sinnlosigkeit, der Gier nach Giften. Marta hatte zwei Kinder, die alle zwei Wochen bei ihm waren, sie fanden Luis natürlich sehr lustig, obwohl sie ihn nicht verstehen konnten. Betrunken schrie Marta seine Kinder an, vor allem seinen Sohn den Bettnässer. Auch wenn Luis nicht mehr leistungsfähig war, er ging dazwischen, drängte den betrunkenen völlig neben sich stehenden Vater zur Mäßigung. Er sah sich immer als Anwalt der Kinder, als Lehrer, als Freund, als vorübergehenden Vaterersatz, er nahm den Kindern die Angst und stimmte sie fröhlich, aber wie so oft kam er auch hier an seine Grenzen.

In unserer Gesellschaft werden immer nur Dinge mit Geld wertgeschätzt, die wesentlichen, einfachen und herzlichen Dinge fallen oft fast völlig aus. Wer Geld hat, der hat Recht, weil er sich damit Macht erkaufen kann, man kann dann anderen Menschen unverschämter gemeinerweise seinen Willen aufdrängen.

Es scheint nur um Profit zu gehen, geschwächte Menschen werden sofort ausgeraubt, die meisten Menschen sind nicht mehr in der Lage sich im Gegenüber zu erkennen.

Am 21.6.2021 flüchtet Luis nach Homburg in Deutschland, er gibt seine 5 Katzen, die er überall eingesammelt hat, im Tierheim ab und sucht dort Schutz und Hilfe in der Psychiatrie. Der arrogante Oberarzt setzte ihn sofort unter Druck, er musste wegen Platzmangel auf die geschlossene Abteilung, was er da zu sehen bekam machte ihm noch mehr Angst, es war einfach nicht möglich Inneren wie äußeren Frieden zu finden. Er bekam hier ein Ultimatum von 5 Tagen, ansonsten verlegt man ihn in ein Obdachlosenheim nach Kaiserslautern. Was für eine Arschlochwelt, fassungslos suchte er nach anderen Möglichkeiten, um nicht wieder alles zu verlieren. Er verfügte über eine Zeitrente von 900,-€ die bald auslief, damit musste er irgendwie auskommen, er kontaktierte seine Busenfreundin Regina, sie wohnte mittlerweile im Schwarzwald in einem kleinen Dorf am Rhein. Von Homburg zu Regina, mit ihrer neunjährigen Tochter waren es 200 km zu fahren. Der gruslige Ort

Homburg trieb Luis zur Flucht. Er bekam jetzt 200mg Seroquel, er fiel von einer Ecke in die andere, er mobilisierte alles in sich.

Um mal zu veranschaulichen, wie es an so einem teuflischen Ort zugeht, erzähle ich euch eine unglaubliche Geschichte, welche die Perversion an solchen menschenverachtenden Orten beschreibt.

So viele verrückte, gerade traumatisierte Soldaten hatte Luis bis dahin nie gesehen. Am 2 Tag, also am 23.6.2011 wurde ein Pfleger in seine eigene geschlossene Abteilung eingewiesen. Er war wie verrückt am Schreien und Weinen, man konnte ihn nicht beruhigen, Luis fragte bei ihm nach was denn vorgefallen sei. Der Pfleger stand ihm zitternd Rede und Antwort. Seine muslimischen Eltern haben den Pfleger angezeigt und irgendwie beschuldigt das er sie bedroht und genötigt hat. Der Vater wollte das sein Sohn kein Marihuana raucht und holte unter einem Vorwand die Polizei, die ihn dann verhaftete und in seine eigene geschlossene Abteilung einwies.

Der Pfleger erzählte ihm das er hier jeden Tag mitbekommt wie hier kranke Menschen eine zu hohe Dosierung von unsinnigen Medikamenten verordnet bekommen, sie werden dann sofort arbeitslos, verlieren ihre Wohnung, als Obdachlose versterben sie dann schnell. Die segensreiche Medizin wird ungeduldig eingesetzt zum Zerstörer der kranken und zu bedauernden Menschen.

Der düstere Psychiatriealltag bleibt vor der Allgemeinheit, vor der Gesellschaft im Verborgenen, das Versterben der Menschen, denen man eigentlich noch gut helfen könnte wird billigend in Kauf genommen. Es wird dann alles mit juristischen Kauderwelsch verschleiert, die Mörder entgehen ihrer Strafe. Kranke Menschen werden dort bis in den Tod hinein belogen, es gibt Inseiter, Angestellte die Sprechen genauso von einem großangelegten Massenmord an geschwächten und psychisch kranken Menschen. Luis fragt sich: „Wo ist Gott?". Er kennt den Spruch, hilf dir selbst dann hilft dir Gott, er kommt am 27.6.2011 völlig entkräftet bei Regina an, er hatte wieder alles verloren, sein Werkzeug musste er in Frankreich zurücklassen. Nach 14 Tagen kam es auch mit Regina zum

Streit, Luis hatte nicht genug zu bieten, er flüchtete auf einen Campingplatz und suchte verzweifelt nach einer Wohnung, um zur Ruhe zu kommen. Auch da konnte er nur 10 Tage bleiben, das Geld ging ständig aus. Die Polizei hielt ihn an und er lief Gefahr sein Auto zu verlieren wegen dem anstehenden abgelaufenen TÜV. Luis schlief in seinem Auto an Parkplätzen in Rheinnähe, im PKW-Kombi ging das recht gut. Reginas Exfreund der Marjan nahm Luis jetzt 10 Tage bei sich und seiner neuen Freundin auf, da kam er einen Moment zur Ruhe. Die Hochdosierung von dem Medikament Seroquel machte Luis zu schaffen, trotzdem wusste er das er weiterziehen musste. Er fuhr nach Frankreich zurück holte sein noch verbliebenes Werkzeug dort ab, Farina hatte ihn seiner teureren Maschinen beraubt, ein schmerzlicher Verlust nach dem anderen.

Über Facebook nahm Luis Kontakt zu einem alten Schulfreund auf, es zog ihn jetzt in seine alte Heimatstadt Hammelburg in Unterfranken, Bayern zurück. Er konnte bei Peter und seiner Familie 3 Tage wohnen, danach bekam er ein paar Tage Zuflucht in einer gemieteten Wohnung seiner Tante. Ständig in Geldnot, obwohl er sich jetzt disziplinierte, kein Alkohol, wenig Zigaretten konnte er nicht Fuß fassen in seiner alten Heimat. Er schlief an dem Fluss Saale, indem er als Kind geschwommen war, alleine bei Regen und Wetter in einem Zelt, das ihm zweimal bei Unwetter um die Ohren flog. Morgens wachte er mit sehr hohen Pulsfrequenzen auf, er kam erst oft nach 2 – 3 Stunden zu sich. Alles ein Alptraum, es gab trotzdem ruhige gute Moment, er setzte sich mittags alleine an den Fluss Saale und war dankbar. Ab und zu kam er mit einem älteren Herrn ins Gespräch, sie gaben sich gegenseitig Trost und erzählten sich auch schon mal lustige Sachen aus der Vergangenheit. Er traf alte Freunde und Schulkameraden, als er an ihnen vorbei lief erkannten sie Luis noch nicht einmal. Luis hatte ein Elefantengedächtnis, emotional besetzte Dinge konnte er über Jahrzehnte abrufen. Er war einkaufen in einem Geschäft, ein Schulfreund aus der dritten Klasse stand 10 Meter von Luis entfernt an der Kasse, er erkannte Dieter nach

25 Jahren an der Stimme. Er sprach keinen seiner früheren Kollegen und Freunde an, weil er sich schämte das er so tief gesunken war.

Es kam am 11.9.2021 mittags ein starkes Unwetter auf, Luis musste sich ins Zelt flüchten, konnte es kaum sichern. Als das Unwetter nach zwei Stunden nachließ setzte er sich auf eine Bank am Hammelburger Weiher, am Horizont erschien jetzt ein wunderschöner schicksalsweisender doppelter Regenbogen. In der darauffolgenden Nacht träumte er das er in seine Wahlheimat nach Köln zurückkehren sollte. Am 14.9.2021 brach er nach Köln auf, er lud so viel Werkzeug wie möglich ein und sein Ziel war es erstmal in Köln sein Werkzeug zu sichern, es irgendwie unterzubringen. Vor ihm lagen 400 km Autobahn und die Gewissheit der Ungewissheit, in Köln-Nippes war er mit einem Kollegen verabredet, leider erschien dieser nicht.

Luis hatte fünfmal in seinem Leben einen Obdachlosen aufgenommen, jetzt fiel ihm der Guido nahe Bergheim ein. Wenig Benzin, kaum Geld so kam er bei seinem alten Weggefährten an.

Er erzählte ihm was passiert war und Guido nahm ihn sofort bei sich zu Hause auf. Er schenkte Luis ein kleines Kreuz, das ihn beschützen sollte. Das war ein unglaublich dankbar Moment für Luis, alles was man an guten und schlechten Energien in Welt gibt kommt zurück. Das funktioniert natürlich nur in einem befriedeten Land wie Deutschland indem eine gewisse Gerechtigkeit vorherrscht, es gibt in der Welt zu viele Orte an denen so ein Mechanismus erst gar nicht zum Tragen kommt. Luis konnte sein Werkzeug im Keller unterbringen, eigentlich hätte er zur Ruhe kommen können, aber eine Wohngemeinschaft mit einem Drogensüchtigen, das war dann doch zu viel. Guido spielte nächtelang lautstark Videospiele, rauchte sich den Kopf mit Marihuana dumm, aber er akzeptierte Luis als seinen Untermieter, das Verhältnis der beiden war freundschaftlich, ging aber nie in die Tiefe. Die monatelange Obdachlosigkeit von Luis hatte seine Spuren hinterlassen, er wollte nochmal versuchen etwas eigenständiges aufzubauen und zu sich anders neu finden.

Es zog ihn wieder nach Köln, er wollte wieder sein Handwerkgewebe aufnehmen und kontaktierte seine alten Kunden, baute seine Webseite erneut auf und innerhalb von kürzester Zeit hätte er durchstarten können. Drei kleinere Aufträge arbeitete er als Minijob erfolgreich ab, aber das penetrante Feilschen um Geld lag ihm nicht mehr. Er hätte seine Rente erneut aufgeben müssen, um weiter zu expandieren, zumindest bekam er vorübergehend eine Wohnung in Köln-Nippes. Ein ehemaliger Kollege stellte sie ihm zur Verfügung, als es nach 2 Monaten darum ging den Mietvertrag vor Ort zu übernehmen scheiterte die Sache und setzte Luis erneut unter Druck eine Wohnung in Köln zu finden. Jetzt wurde es magisch, wie durch ein Wunder wurden die Menschen, die er benötigte in seine Richtung bewegt. Er lernte seine Freundin Petra beim Tanzen kennen, er lernte einen korrupten Vermieter kennen, der ließ ihn dann in einem seiner überteuerten Apartments mit einem einjährigen Mietvertrag wohnen, nach langen zwei Jahren wurde der Mietvertrag erst später im Jahr 2013 in einen festen Mietvertrag umgewandelt. Also auf 16qm reduziert ordnete Luis sein Leben neu und machte dabei einen alles entscheidenden Fehler. Er wusste das er körperlich und mental sehr stark war, er wollte jetzt, nachdem ein bisschen Ruhe eingekehrt war das Medikament Seroquel von 200mg auf 50mg runterfahren, die hohen Pulsfrequenzen quälten ihn sehr. Im Dezember 2011, er war jetzt 2 Monate mit Petra zusammen, trank er wieder Alkohol, damit bekam er immer wieder mal Ruhe vor seiner Unruhe und Angst. Auch wenn es „nur" 3 bis 6 Bier täglich waren funktionierte das natürlich nicht gut, an Karneval 2012 schlug die Angst wieder voll durch. Luis erkannte das er sich überschätzt hat, verschätzt hat, er hätte unbedingt die Medikamente trotz der Nebenwirkungen weiter nehmen müssen. Jetzt überschlugen sich die Ereignisse, er suchte Hilfe im Krankenhaus nebenan, aber da konnte man ihm nicht helfen. Er wusste das er 2 bis 3 Monate braucht, um die Dosierung der Medikamente wieder hochzufahren. Er peilte 150mg Seroquel an, man braucht viel Ruhe, um das auszuhalten und schon die kleinste Unregelmäßigkeit droht alles scheitern zu lassen.

Unglücklicherweise wurde jetzt noch direkt neben seinem Bett ein Haus abgerissen, alles wackelte, ein Ohren betäubender Lärm dem man geschwächt unmöglich ausweichen kann. Ohne Vorwarnung fielen laut krachend Mauern um, es war nicht mehr möglich den Puls ruhig zu halten. Die Erwartungsangst vor dem nächsten Einschlag lähmte ihn völlig. Er hätte jetzt einfach nur einen ruhigen friedlichen Ort zum Erholen gebraucht an dem ihm die Menschen zugewandt gewesen wären. Auch seine Petra verweigerte ihm traurigerweise die Zuflucht, es kam, wie es kommen musste. Er war nicht in der Lage die Situation zu kontrollieren. Er wande sich an die Psychiatrie in Köln-Merheim, er unterschätzte völlig was ihn da erwartete. Wieder tief in die Zwischenwelt von Leben und Tod gedrängt klammert man sich an jeden seidenen Faden. Die dortigen Ärzte erweckten, suggerierten ihm das sie ihm helfen wollten. Sofort wurde das Medikament Seroquel auf 300mg hochdosiert, es machte alles nur noch schlimmer. Man hätte 1 bis 2mg Tavor geben müssen, aber nachdem die Ärzte damit erst mal zurückhaltend umgehen, wegen der Suchtgefahr, blieb die gewünschte Entlastung aus. Das Einstellen von Medikamenten ist sehr schwierig, es erfordert oft 2 bis 3 Jahre, in denen man zu nichts in der Lage ist. Man bekommt dann von Freunden und Verwandten gesagt, laß die Medikamente weg das ist doch alles nur Blödsinn, das schafft man auch mit dem Willen und Disziplin. Niedergelassene Ärzte kennen nur zu gut das Problem, und ich kann nur einen jeden hier warnen behutsam und geduldig mit Medikamenten umzugehen. Wenn kein unterstützendes Umfeld vorhanden ist funktioniert die angestrebte Heilung nicht. Es gibt Betreutes Wohnen welches Luis dann von Petra empfohlen bekommt, warum hat in den letzten 20 Jahren kein Arzt Luis darauf hingewiesen. Es gibt Pflegedienste, die kann man aber nicht alleine organisieren, wenn man sich in einer akuten Periode der Erkrankung befindet. Wenn man Krebs hat bekommt man von allen Seiten Anteilnahme, aber bei einer seelischen oder psychischen Erkrankung erntet man oft nur Hohn und Spott. Die „gesunden", funktionierten

Menschen lassen den Gedanken einer eigenen Erkrankung nicht zu. Die meisten Menschen fangen erst sich zu arbeiten, wenn nichts mehr geht, es müsste mehr Aufklärung für solche brutalen vermeidbaren Erkrankungen vorherrschen. Nach vier Wochen wurde Luis wieder nach Hause in seine Baustelle entlassen, schlimmster Horror, er konnte sich nicht versorgen, er fiel von einer Ecke in die andere. Er rauchte nur ein paar Zigaretten, Alkohol ließ er ganz weg, er suchte nach einer Lösung. Der verständnisvolle niedergelassene Psychiater in Köln-Nippes wollte helfen, sie experimentierten zwei lange Monate, als die Sache mit der Baustelle nicht enden wollte entschieden sie sich erneut in Köln-Merheim Hilfe einzuholen. Luis konnte zu diesem Zeitpunkt nicht erkennen das der erste Aufenthalt im Februar nur dazu diente rechtssicher eine tödliche alles entscheidende Dosis zu verabreichen. In einer Welt von „HöherWeiterSchnellerBesser" liegt es nah sinnlos und menschenverachtend Medikamente hoch zudosieren. Dinge, die ein Segen sein können, werden zum Fluch, da die Grenze der Dosis schwer zu ziehen ist, aber man darf Menschen nicht einfach lieblos aufgeben. Das geht besser, viel besser. Beim zweiten Aufenthalt in der Psychiatrie wurde die Medikation rücksichtslos hochdosiert. Luis bekam jetzt 30mg Abilify 400mg Seroquel und 2,5mg Tavor. Völliger Ärztewahnsinn, mit einer solchen Medikation heilt man nicht, man selektiert wie in Ausschwitz und belügt die Menschen bis in den Tod. Luis ertrug die Dosierung vier ewige lange Wochen, es war wie 2000mg Seroquel, er brach zweimal vor dem Schwesternzimmer zusammen und wurde angefahren, beleidigt, adäquate Hilfe wurde ihm unverschämter Weise verweigert. Schlimmer noch, es wurde ihm eine hochdosierte Zwangsmedikation angedroht. Erst war die Klinkchefin anwesend, 15 Mitarbeiter saßen neben oder vor ihm als ihn der schmutzige Chefarzt Dirk R. laut aufsprach. Luis erkannte leider zu spät das er sich da einem pervertierten System mit ihren übermotivierten Vollstreckern anvertraut hatte. Der junge Psychologe Hochmut überbrachte dann die Botschaften vom Obermassenmörder Dirk R., Luis war nun auf der Flucht, er verließ innerhalb von zwei Stunden das Krankenhaus. Rief ein Taxi, er hatte dort wohl zweimal einen Schlaganfall erlitten. Er konnte sich kaum noch bewegen, zuhause in Köln-Nippes angekommen brach er tagelange nur noch zusammen. Luis war schlimme und schlimmste Körperzustände gewohnt, er war bei vollem Bewusstsein in seinem Körper gefangen. Er konnte sich noch mittteilen, seine Petra kam ab und zu vorbei und die Sozialarbeiter vom Betreuten Wohnen gingen Luis an das er selbst schuld sei, auch der niedergelassene Arzt sagte das zu ihm. Luis dachte sich nur, ihr kommt auch irgendwann mal dran und dann wollen wir mal schauen wie stark ihr wirklich seid. Nach vier Wochen völligem Irrsinn dosierte Luis das Medikament Seroquel auf 100mg hoch und belies es dann über die folgenden Jahre so. Die Ängste liesen natürlich nicht nach und aus der Not heraus nahm Luis nach einer Weile 5mg Tavor am Tag. Damit konnte er sich irgendwie wieder ins Leben zurückholen, aber es war klar, dass man eine so hohe Dosis Tavor nicht aufrechterhalten kann. Nie zuvor hatte diese Medikamente angerührt, aber sie waren jetzt ein notwendiges Übel das der niedergelassene Arzt zum Glück dann über Jahre mittrug.

Mitte 2013 lies dann die Baustelle nach und Luis fuhr jetzt mit dem Rollator durch Köln-Nippes. Nach einer ewigen Weile konnte er dann mit Unterarmstützen laufen. Sein Radius betrug nun 2 bis 3 Kilometer um sein Haus. Petra kaufte sich einen, wie Luis sagte, einen dreijährigen mittelgroßen behinderten Hund, ein schwarzer Spitz. Luis trainierte den Blödmann und dieser liebte Luis, wie sollte es anders sein, mehr als die ungeduldige herrische Petra. Luis trennte sich von Petra im Jahr 2014 zum ersten Mal, sie begann ihn zu belügen und betrügen, machte sich lustig über seine Erkrankung, jetzt zog er unter großen seelischen Schmerzen eine klare Grenze wie in der Vergangenheit. Beim Abschiedsgespräch prophezeite er ihr ein paar Dinge wie es mit den Reichen und Schönen, die sie immer im Blick hatte, läuft. Und wie es der Teufel so will, meldete sich Petra

nach 8 Wochen wieder bei Luis und gestand ihre Fehler ein. Luis war zu gut für diese Welt und gab sich und Petra eine neue Chance, sie vereinbarten das es nochmal für 6 Monate versuchten wollten.
Am 21.1.2015 trennte sich dann Luis doch endgültig von Petra.
Er bemerkte das sie wieder schwach wurde, hatte sofort das Interesse verloren weiter einseitig, um eine Beziehung zu kämpfen, die nicht mehr positiv genug besetzt war. Die Lügerei machte Luis wütend und zornig, was sich Menschen, die man liebt erlauben, wenn man geschwächt ist fragte er sich immer wieder. Eine Frau zu lieben, Nähe zuzulassen das kam jetzt nicht mehr in Frage. Wenn man so wie Luis liebt, ist man entsetzlich verletzlich, solche dummen Niederlagen wollte er nicht mehr hinnehmen. Er wollte sich wegen seiner seelischen Behinderung nicht mehr demütigen lassen, das ging zu weit. Unter Tränen begann er nun sein Leben neu auszurichten. Geld verdienen kam wegen der Erkrankung nicht mehr in Frage, er hatte sich immer in den Dienst der Menschen gestellt, in diese Richtung bewegte er sich jetzt wieder. Luis war permanent auf Unterarmstützen oder einen Rollator angewiesen, er konnte nur kleinere Hilfen in seiner Nachbarschaft anbieten. Luis war auf Ruhe und friedliche Nachbarn angewiesen, deswegen führte er immer wieder für den geizigen unverschämten Vermieter Kleinreparaturen im Haus durch. Luis hatte keine Kraft eine neue Wohnung zu suchen, deswegen ließ er sich da schon mal ausnutzen, er bekam dafür eine gewissen Narrenfreiheit im Haus. Solange es um ihn ruhig war fing er an sich mit PC-Hilfe, Wartung und modernem Kunstdesign auseinanderzusetzen. Für gleichgesinnte Leidensgenossen oder alleinerziehende Mütter bot er seine Hilfe an, er wünschte sich das sozial geschwächte Menschen auch an der Kommunikation im Internet vernünftig teilnehmen konnten. Er klärte über die Risiken auf und verwies auf sinnvolle Webseiten. Er überholte PCs und Handys so dass sie wieder langfristig einsetzbar waren, als Lohn reichte ein Dankeschön oder ein Lächeln aus. Natürlich gab es Menschen, die sofort die gutgemeinten netten Hilfeangebote

ausnutzten, diese dummen Zeitgenossen brachte Luis dann umgehend auf Abstand. Im Jahr 2016 lernte er seinen 77jährigen Busenfreund Wolfram kennen, bei ihm fühlte sich Luis wohl, mit ihm konnte er über Gott und die Welt sprechen. Luis mochte ihn sehr, er bastelte dem Wolfram alles Mögliche, verhalf ihm dazu seine geliebten Videos zu schauen. Er kaufte Wolfram einen Blue-rayplayer, Wolfram war außer sich vor Freude. Am seinem 77 Geburtstag schrieb Luis ihm sein erstes Gedicht seit langer Zeit. Er liebte die Reimsprache, und konnte sich gut ausdrücken, das sein Gehirn beschädigt war oder einfach nur anders funktionierte konnte man natürlich merken. Sein nachdenkliches, aber lustiges und fröhliches Wesen legte in die Verse und Reime. Wie von Geisterhand bewegt jetzt Luis alles Spirituelle und Transzendente in seine Richtung. Wir konnte es sein das gerade im ersten von bis heute 112 Gedichten die Rede von einem 77 Geburtstag ist. Die Zahl 77 steht für das Schicksal, für das Vorgegebene, so deutet Luis die Zahlen, die ihm jetzt immer wieder begegnen. Er beginnt sich bei seinen Mitmenschen zu bedanken, indem er ihnen Gedichte schreibt, persönlich gewidmete Gedichte haben ihre eigene bewegende geheimnisvolle Magie. Er vermeidet es bewusst von anderen Gedichten und Schriftstellern abzuschreiben oder zu kopieren, er wollte authentisch bleiben, sich nicht beeinflussen lassen. Wenn er die Gedichte vorträgt entfacht er immer wieder einen verborgenen unsichtbaren Zauber. Luis war schon immer ein guter Beobachter, er erschrak regelrecht wie stark er damit Menschen beleben und verzaubern konnte. Es drängte ihn zum Weitermachen. Im Jahr 2016 entzog er das Medikament Tavor von 5mg über zwei lange Jahre auf 0,5mg täglich, es verlangte ihm alles ab. Seine Außenwahrnehmung war wegen der schweren Depression schlecht, die Kunstwelt, in die er sich jetzt immer mehr flüchtete war sehr tröstlich. Kunst war für Luis der Griff nach dem Transzendenten, damit konnte das Göttliche, das Universum in die Sichtbarkeit bringen, seine individuelle Version, Vision.

Wenn man das Göttliche in sich findet, bitte Vorsicht, dann hat es eigentlich unweigerlich Rebellion zur Folge. Was nützt es sich Kunstobjekte jeglicher Art an die Wand zu hängen, wenn die Veränderung, die durch die Rebellion angestoßen wird nicht umgesetzt wird. Kunst für Geld, Schreiben oder Heilen für Geld, das ist bei näheren Hinsehen oft nichts wert. Die Wichtigtuer und Machtmenschen verlieren den Blick für das Wesentliche, es scheint als hätten Dinge nur einen Wert, wenn man sie mit einem entsprechenden Geldwert belegt. Die Menschen werden geblendet, lassen sich regelrecht verarschen, wenn etwas vielleicht gut angelegt ist und dann doch völlig abgehoben präsentiert wird. Also Luis bleibt seinem Kurs treu und besinnt sich auf einfache für jedermann verständliche Sachen, was nützt es alles zu verkomplizieren, es bleibt dann nur einer Elite vorbeihalten, die sich dann schadhaft an der Allgemeinheit bereichert. Es ist ok Millionär zu sein, aber der Verwendungszweck sollte allen dienlich sein, man kann sich ja vorher mit einem Haus und einem regelmäßigen Einkommen absichern. Wenn man eine Millionen Euro besitzt, warum sollte es immer mehr sein, der Rest der Menschen kommt dann viel zu kurz. Für den Besitz von Geld sollte es Grenzen und Limits geben, freiwillig wird das wohl niemand einhalten was eigentlich sehr schade ist. Die Dinge, die wir in unseren Fabriken herstellen sollten der Frage nach Sinnhaftigkeit standhalten, hier müssen ebenso Standards und nachhaltige Grenzen einführt werden, auch hier wird man sich mit der Freiwilligkeit schwertun. Man müsste unser Wertsystem komplett auf den Kopf stellen, die Gier und Selbstsucht nach hinten drängen, ansonsten werden wir eines Tages zum Verzichten und Teilen gezwungen. Die Natur gibt uns gerade eine klare Antwort, der Mensch ist in dieser habgierigen selbstsüchtigen brutalen Form nicht mehr auf Erden gewünscht. Es ist nur eine Frage der Zeit wann die Zivilisation zusammenbricht, mit gutem Willen könnte man den menschlichen Untergang, der Welt wenigstens mit Anstand und Würde rauszögern. Vielleicht um einige Jahrhunderte. Die Nutzung der Atomenergie wird uns fressen, keine Maus baut sich eine Mausefalle. Die Gentechnik manipuliert unwiederbringlich die kleinsten Bausteine, Atome und Moleküle in eine gifte Substanz, die über Million Jahre wie der Atommüll nicht abgebaut werden können. Der einzelne wird nicht so viel tun können, aber sich dieser Dinge mit ihren bösartigen Konsequenzen bewusstwerden, das könnte ein Anfang sein im Kleinen Veränderung und Neues anzustoßen und umzusetzen.

Mag sein das sich das Geschriebene hier belehrend anhört, aber es ist ganz klar, Luis hat eine Meinung nach all dem Leid und möchte sich noch einmal mitteilen um das überflüssige Unnötige zum Besseren, Vorteilhafteren zu drängen, zu bewegen.

Alles ist beschwerlich, Luis verliert 2016 immer mehr die Kontrolle über seinen Körper und die Sozialarbeiterin Frau Matze fordert unsinniger Weise eine nicht gerechtfertigte Zwangseinweisung in die Psychiatrie. Luis wehrt sich mit allen Mitteln und kann einen Wechsel der Betreuer erzwingen. Jetzt übernimmt Frau Tomcheck, eine junge motivierte Sozialarbeiterin polnischer Abstammung. Eine Anna, der römische Name A.N.A bedeutet „Von Gottes Gnaden", und wirklich sie war ein Segen, sie hatte mit traumatisierten Menschen in einem Heim gearbeitet und wusste sofort was mit Luis geschehen war.

Sie verstand innerhalb von nur einer Stunde den Sachverhalt und legte ihre Hand schützend über Luis, soweit es ihr möglich war.

Es war ein freundschaftliches Arbeitsverhältnis, sie gingen Kaffee trinken oder einfach nur spazieren in Nippes. Luis war sehr dankbar und das zeigte er auch, war großzügig, er wusste nur mit solchen ihm zugewandten Menschen konnte er auch weiterhin bestehen.

Über ein paar Wochen betreuten sie einen Hund zusammen und Luis kaufte sich für 1000,-€ ein Handy, welches er dann selbstlos weiterreichte. Er hatte keine richtige Verwendung für derartige Dinge, er wollte auch nicht bestechen, er wollte einem tollen wertvollen Menschen seinen Dank erweisen. Frau Tomcheck befeuerte die Ausflüge in die Kunstwelt und bewahrte Luis völlig seinen Glauben an diese Welt zu verlieren.

Eigentlich dürfen BeWo-angestellte keine Dinge annehmen, aber ich denke man kann durchaus mal die Ausnahme zulassen, weil die Menschen die kranke Klienten versorgen einfach unterbezahlt sind. Einfach mal ein Zeichen setzen, durch seine sparsame Art und sein technisches Verständnis konnte sich Luis so etwas schon mal erlauben, er war ja halbwegs gut versorgt. Frau Tomcheck kündigte ihren BeWo Job und Luis bemerkte auch bei der Assistenz Frau Blödi das wieder etwas gegen ihn lief. Zornig kündigte er nach einigen vergeblichen Schlichtungsversuchen den BeWo-anbieter.

Frau Tomcheck verabschiedete sich noch ganz lieb von Luis, er konnte es kaum annehmen wieder einen Menschen verloren zu haben an der geglaubt hatte. In seine Kündigung schrieb er das keine Eigen und Fremdgefährdung vorliegt, was auch so war, er hatte von anderen Leidensgenossen gehört, die sie dann eine Zwangseinweisung in eine Psychiatrie hinnehmen mussten, es wird natürlich nicht gängig sein so vorzugehen seitens der BeWo-Betreuer, aber das wollte Luis unbedingt ausschließen. So gemein und dumm die Oma Anna von Luis schon mal sein konnte, sie hatte aber eine gute Weisheit parat: „Was geschrieben ist das liest man" und da hatte sie recht. Hört sich gut nach Verfolgungswahn an, aber wer die Menschen und ihre bösartigen Vorlieben kennt der versucht sich zu besprechen und zu schützen.

Luis hielt an seinem Alltag fest, konnte aber kaum noch einkaufen, im Jahr 2017 stellte sich eine Frau Schnabel von einem anderen BeWo-Betreuer ein, eine Mutter von drei Kindern, sie betreute Luis jetzt ein langes Jahr. Auch sie erkannte schnell das Luis traumatisiert war, einer schweren Depression erlegen war, es lag keine Schizophrenie vor. Sie bewunderte und unterstützte Luis ebenfalls in seinem künstlerischen Bestreben. Er folgte seiner inneren Eingebung und kreierte sein Logo, Zeichen EMuS.

„EwigerMomentunendlicherSchönheit" heißt das Symbol, es ist eine symbolische Darstellung vom Universum auf sieben Ebenen, abgeleitet von einer Schneeflocke, einem Eiskristall. Es dauerte über zwei Jahre das Symbol in seiner heutigen Form 2018 fertigzustellen. Es war erst nur die äußere Form vorhanden, dann dreht es Luis in sich auf zwei Ebenen, ein siebenjähriger Junge malte es anschließend aus. Um perfekte Symmetrie zu erhalten konstruierte Luis das Symbol EMuS an PC, er benutzte es dann um Wasser zu beleben und vitalisieren. Er konnte den Vorgang der Energieaufladung gut mit der Wünschelrute, Einhandrute und dem Pendel veranschaulichen, die für die meisten unsichtbare universelle Energie fühlbar und sichtbar zu machen. Er experimentiert mit Wasser, er war ergriffen und fasziniert was für eine absurde und wundersame Welt sich vor ihm auftat. Eine Sozialarbeiterin Frau Feier sagte später mal zu ihm: „Menschen wie sie werden zu Lebzeiten belächelt". Luis war auf der Hut, übte sich, gab nur so viel Preis wie Menschen es verdauen konnten. Er drängte nichts auf, in Verbindung mit dem Symbol EMuS entwickelte er einen Zauberauftritt für kleine und große Kinder. Er zauberte mit Geld, um zum fairen Teilen einzuladen, veranschaulichte es mit einfachen Unikaten, die er selbst angefertigt hatte. Er zauberte mit Lichtern: „Immer, wenn du denkst es geht nicht mehr kommt von irgendwo ein Lichtlein her", diesen Vers hatte Luis oft auf den Lippen, wenn ein kleines Licht mit einem selbstgeschriebenen Gedicht verschenkte. Einen Menschen glücklich zu machen und mal mit einem Lachen aus dem Alltag zu holen das war mächtig. Mit einem Nachbarn googelte er nach mächtigen Symbolen, es gab nichts Vergleichbares, EMuS bestach durch Symmetrie, Idee, Definition und Ausführung. Bei seinen Experimenten stellte er fest, wenn sein Symbol EMuS darunterlag war es nicht mehr möglich das Wasser in den negativen Bereich, durch schlechte Gedanken, zu drängen. Es strahlte sogar in den Raum aus, hatte den Anschein telepathisch zu funktionieren, es hatte ganz klar ein Eigenleben. Es sollte negativen Symbolen wie dem Hakenkreuz seine Macht rauben und wieder positiv stimmen. Alles war sehr abenteuerlich, es war pure Faszination zu sehen und zu erleben was sich weiterhin ergab. Luis war nun völlig auf sich zurückgeworfen, erkannte 2016 den Wert von dem was sich ihm da offenbarte, er war der Meinung das man Erkrankungen mit Symbolen und Magie positiv beeinflussen kann, ähnlich wie bei Reiki.

Er hatte sich über Jahre in diese Materie eingelesen und Versuche durchgeführt, jetzt legte er ein Ei nach dem anderen. Es entstanden bis Mitte 2021 112 schöne Gedichte.

Eine Handvoll Gedichte überstrahlte dann alles in seinem Buch.

„Ein Gedichtband aus dem Zauberland".

- Das Lachen
- Wahrheit
- Onkologie
- Der Regenbogen
- Das liebste Liebesgedicht

Es war für Luis eine Genugtuung solche einfachen schönen belebende Dinge in die Sichtbarkeit zu bringen, es war jeden auferlegten und angenommenen Schmerz wert.

Im April 2019 war das Parkinsonsyndrom so stark, dass bei erneutem Baulärm in seinem Haus sofort Krebs ausbrach, ein Hotkinlympom. Er wollte keinen Arzt mehr sehen, nachdem was er alles durchgemacht hatte. Nach langen zwei Monaten ließ er sich doch nebenan im Krankenhaus auf eine Behandlung ein, Chemotherapie hochdosiert sollte es sein. Luis konnte eine stationäre Behandlung aushandeln mit einer niedrigeren Dosierung. Am 15.7.2019 lief die erste Gabe der Chemo durch Luis, er waren draußen 42 Grad Celsius, zur sehr geschwächt brach sofort das Bewusstsein zusammen, jetzt war er kaum noch ansprechbar. Seine Gedanken konnte er wie sein Körpergefühl nicht greifen, wenn er zu sich kam forderte frech und bestimmt die doch motivierten Ärzte auf bei der Wahrheit zu bleiben. Sie liesen die Ausnahme zu, die Behandlung so durchzuführen, wie es Luis gerade noch vertrug. Da lag er nun, keiner kam zu Besuch, keine Motivation doch noch irgendwie weiterzumachen. Er verstand auch anfangs nicht, was mit ihm passiert war und wie man Krebs behandeln konnte. In den Momenten in den er klar wurde fragte er sich durch, verschenkte seine Gedichte als Untersetzer, hielt trotz der Aussichtslosigkeit irgendwie Kurs weiterzumachen. Er war erneut erstaunt wie dankbar gerade kranke Menschen waren, wenn er ihnen ein selbstgebastelte Kleinigkeit reichte, natürlich mit dem entsprechenden fröhlichen und lustigen Kommentar. Es kam dann zum Bruch mit dem BeWo-Anbieter Köln-Ding.

Er forderte Sterbehilfe, dachte darüber nach wie man aus dem Leben angemessen scheiten konnte. Das hat mit Selbstmord nichts, aber auch gar nichts zu tun, ihm wurde erneut eine Zwangseinweisung angedroht, weil er einfach offen darüber nachdachte. Er wehrte sich mit allen Mitteln gegen einen möglichen psychiatrischen Mord, er kündigte wider Willen den BeWo-Anbieter. Sein Ton wurde jetzt scharf, er war unverzeihlich, wollte nicht mehr kooperieren.

Zum viel Unverschämtheiten und Gemeinheiten hatte sich bis dahin in seinem Leben gefallen lassen müssen. Jetzt ging er vorwärts, brachte die Menschen, die im nicht mehr zuträglich waren unter großen seelischen Schmerzen konsequent auf Abstand. Es tat ihm leid, weil er natürlich sah, wie man jahrelang um sein Selenheil gekämpft hat, er machte die Geldverteiler im Hintergrund der Institution Köln-Ding dafür verantwortlich. Sie waren einfach nicht in der Lage, ihn ordentlich unterzubringen, die Ausnahme zuzulassen. Sein Apartment in Nippes war nicht mehr tragbar, jetzt da er im Rollstuhl angekommen war.

Monate vorher am 7.7.2021 schrieb Luis eines seiner schönsten Gedichte, der Titel heißt „Onkologie", dieses wunderschöne Gedicht hat bis heute sehr vielen Menschen Trost gebracht und ist ein Zeugnis dafür zu was der menschliche Geist noch im Stande zu leisten ist, wenn es richtig zur Sache geht. Aber ganz klar auch dieses Gedicht ist Geschmackssache. Zu finden im Buch „Ein Gedichtband aus dem Zauberland". Es trugen sich von Juli bis Dezember 2019 wundersame Dinge zu, die Luis vorsichtig nach außen preisgab. Am 1.8.2019 wande sich Luis an Gott, an das Universum, er bat um Hilfe damit er die von ihm gefundenen und vorgedachten Dinge nochmal anschieben konnte. Er malte eine Skizze wie er den bösartigen Tumor zumindest ausbremsen und unterdrücken konnte. Er teilte die Zeichnung in drei Teile und wollte damit Körper, Geist und Seele ansprechen. Ein Teil war sein Zauberland777, ein Teil bestand aus Leuchttürmen in der realen Welt, der letzte Teil sprach die Menschen an, die ihm nah gestanden haben an. Die Ärzte wollten Luis mehrfach aufgeben, er wehrte sich, verhandelte unter Tränen und brutalen Schmerzen. Die Unruhe in ihm war absolut unerträglich, keine Ahnung wie ein Mensch so etwas aushalten kann und einfach weitermacht kreative Dinge in die Sichtbarkeit zu bringen. Die Ärzte ließen wieder und wieder die Ausnahme zu, er wusste das die junge Ärztin Frau Dr. Horrenreif dafür verantwortlich war. Eine glückliche Fügung, er war noch nicht in der Lage eine ambulante Therapie durchzuhalten. Luis konnte kaum noch sitzen, eine Neurologin führte Messungen durch und teilte ihm mit das seine Nervenerkrankung wohl so schlimm wie eine Querschnittslähmung sei. Nach eine Gabe Chemotherapie mussten zwei Pfleger kommen, um ihn auf einen Toilettenstuhl zu heben, bei völligem Bewusstsein, das sich immer wieder zurückzog, ein brutaler Alptraum, man glaubt es kaum.

Durch seine Gedichte und Zauberei war Luis dem „Lieben Gott", dem Universum schon viel zu nah gekommen, den Beleg bekam er am 22.8.2021, 21 Tage, also 7 7 7 Tage, nachdem er mit einer Skizze seine letzten Wünsche zum Ausdruck gebracht hat. Sein talentierter Jugendfreund Christian malte ihm ein wunderschönes Bild, Luis erkannte sofort das es sein Zauberland777 war, indem die Energien nicht mehr richtig fließen wollten. Er veränderte das Bild dann vier Wochen später Mitte September, furchtbar gezeichnet von der Chemotherapie. Er bastelte den deutlich sichtbaren bösartigen Tumor aus dem Bild weg, zeitgleich wunderten sich die Ärzte im Krankenhaus bei einer Röntgenuntersuchung, dass sich trotz niedriger Dosierung, der Tumor im ganzen Körper vorübergehenden auf dem Rückzug befand.

Die niedergelassenen Ärzte fragten ebenfalls verwundert nach:

„Vielleicht haben sie ja etwas für die anderen"
„Wie kann es sein das ihre Blutwerte trotz der Chemotherapie so perfekt sind".
Es waren 12 Chemotherapien geplant bis Januar 2020, er bekam Anfang August 2019 einen Port verlegt, das ist ein Venenzugang vor dem Herz und der Lunge, damit die giftige Medizin den Arm nicht zerstört. Bei einer Gabe, der natürlich auch segensreichen Medizin, droht man innerlich zu verbrennen, Luis hatte mehrfach so einen Durst, das er in einer halben Stunde fast 5 Liter Wasser trank, der Gewichtsverlust bis Anfang August waren über 10 Kilogramm. Unglaublich was ein menschlicher Körper aushalten kann, Voraussetzung ist auch das, dass Gehirn noch irgendwie soweit in Takt ist um auf positive Ziele in der Zukunft ausgerichtet werden kann. Im Dezember entscheidet sich Luis nach 9 Gaben Chemotherapie abzubrechen, sein Körper hielt nicht mehr stand. Er hatte das BeWo gekündigt und war jetzt völlig auf sich alleine gestellt, eine junge Frau, die er auf Minijobbasis eingestellt hatte versorgte ihn notdürftig. Tasnim war ihr Name, auf Arabisch Himmel, jetzt hatte er auch noch einen Himmel vom Universum geschickt bekommen, sehr tröstlich, wenn man diese Deutung zulassen kann. Seine linke Seite verursachte Anfang 2020 fürchterliche Schmerzen, alles war geschwollen, trotzdem bastelte Luis bis zu acht Stunden am Tag weiter, verhandelte mit neuen BeWo-trägern und wurde fündig.

Luis befindet sich bis heute in Behandlung und möchte sich schützen, er wohnt in Köln-Deutz. Jetzt bleibt dieses Buch beim Wunschdenken, es entspricht nicht mehr an allen Punkten der Wahrheit, um Menschen, die ihn heute noch liebevoll versorgen zu schützen. Luis wünscht sich ein Happyend, eines das noch keiner kennt. Das chaotische visionäre Buch soll diejenigen finden die es vielleicht wertschätzen und esoterisches Wissen nicht nur als Humbug abtun. Luis ist auch sehr real und weiß, wie Wissenschaft funktioniert, aber das Visualisieren und Beleben stellt er darüber oder zumindest gleichwertig daneben.

Es stellt sich im Januar 2020 eine weitere kompetente Sozialarbeiterin ein, die Frau Müller, sie ist fortan der Knüller.
Luis ist fertig mit der Welt, in ständiger Erwartung zu versterben, mutlos resigniert, verbittert, einfach alles Arschloch, aber in ganz groß. Er teilt Frau Müller mit, das sie lediglich eine Sterbebegleitung ist, das Verhältnis ist anfangs ehr abweisend. Luis ist „Profidoofi" genug, um sich ebenfalls abzugrenzen und sein Ding einfach weiter durchzuziehen. Wie allen Menschen, die in seine Gegenwart treten demonstriert er sein Beleben, Vitalisieren von Wasser, führt seine selbstgeschaffenen Zaubertricks vor. Bleibt seinen Konzept „GedichteBastelZauberQuatsch" treu. Erst nach langen 4 bis 6 Wochen taut Luis auf und hat wieder mehr Freude das Geschaffene und Vorgedachte anzuschieben.
Wiederum sollte sich ein Wunsch aus der Skizze vom 1.8.2019 erfüllen, er lernt im März seine Prinzessin Johanna kennen und nähert sich ihr behutsam. Sie heißt wie seine Mutter und ist ihrem Wesen ähnlich. Er schreibt ihr tolle Gedichte, bemüht sich und sie werden ein Paar, leider nicht mehr vor dem Altar. Es folgen bis Mitte 2021 noch zwei Versuche mit Chemotherapie die nur teilweise Erfolg haben. Luis möchte erst seine Prinzessin, jetzt seine Königin Johanna versorgt wissen, erst dann kann er beruhigt gehen, um sie gleich irgendwo im Nirgendwo wiederzusehen.
Als selbsternannter Magier Momek (Magischer Tomek, Thomas auf Polnisch) zaubert Luis noch sechs lange Jahre weiter bis in das Jahr 2027. Es bleibt trotzdem erst mal alles im Verborgenem, vom „Lieben Gott", dem Universum Geborgenem, zu viel Aufsehen schadet nur der Umsetzung seines Konzepts „GedichteBastelZauberQuatsch".
Am 23.7.2027 verstirb der fröhliche bescheidene geniale, ein bisschen verrückte Zauberer Momek, natürlich wandelt er sich nur. Er wollte

sich immer totlachen, bei einem Zauberauftritt erleidet er einen Schlaganfall, wie soll es anders sein, natürlich mit Überschall.

Ich hoffe sie erzählen ihre Geschichte ebenfalls weiter und bleiben lustig und heiter.

2377 „WahrheitGerechtigkeitFreiheitLiebeMagiewienie"

23.7.13.14.21.39.49.61.63.66.69.72.81.89.99.
821.732.922.921.932.932.777

„Ewiger Orgasmus", warum, wieso, weshalb?

In diesem Buch „Ewiger Orgasmus" begegnet der furchteinflößende Krebs der allwissenden und zauberhaften Magie, sowie der Liebe. Was sie hier erwartet ist eine absurde, wissenschaftlich nicht belegbare alternative Zusatzbehandlung von einem bösartigem Tumor. Darf man das schreiben? Ich denke ja. Das Geschriebene lässt sich hervorragend präventiv und natürlich auch während einer Chemotherapie, etc. einsetzen. Begleiten sie mich, wenn sie möchten auf eine fantastische Reise ins Zauberland777, um schlecht generierte Energie zu wandeln. Ich versuche die spirituelle, magische und absolute Welt, die für die meisten Menschen im Verborgenen liegt, zugänglich zu machen. Hier finden sie die eine oder andere Anleitung, um ihre Selbstheilungskräfte zu aktivieren. Sie können diese einfachen transzendenten Werkzeug beliebig individuell anpassen, um wieder „Wohlbefinden" und Gesundheit zu generieren. Wir sind fleischgewordene Energie, Sternenstaub, der tanzt. Die meisten Heilpraktiker, etc. setzen Informationsmedizin ein und erklären ihren Klienten und Patienten meins Erachtens nicht ausreichend was damit gemeint ist. Es wird, wie so oft alles verheimlicht, um Menschen in Abhängigkeit zu bringen und sich an ihnen schadhaft zu bereichern. Jeder kann sein eigener Guru werden und sein. Ich finde man kann sich gerne anleiten lassen, ab einem gewissen Punkt sollte man überwiegend eigenverantwortlich handeln. Wissenschaftler sagen wir sind „Formstrukturen", man weiß auch beim näheren Hinsehen nicht was es ist und wo es herkommt. Man sagt das Universum besteht aus Energie und Informationen. Es befindet sich im Hintergrund aller Materie ein informatives Feld, auf das wir mit unseren Gedanken und Gefühlen Einfluss nehmen können. Es geht dabei um das Visualisieren und um das bewußte Wahrnehmen das man Dinge jeglicher Art mental verändern kann.

Es müssen die entsprechenden Voraussetzungen geschaffen werden, um Neues und Veränderung zuzulassen. Ich erkläre eine, meine Sicht der Dinge. Sie können sich das raus nehmen was sie anspricht, es wird nichts aufgedrängt.

Die Voraussetzungen und Bedingungen, um unsere magischen Kräfte zu spüren und zu kanalisieren lassen sich eigentlich sehr einfach umsetzen. Es ist oft nur eine reine Willensfrage, um positive Veränderung herbeizuführen. Es erfordert Mut und Feingefühl. Eine Krebserkrankung, etc. hängt von vielen Faktoren ab, die man meines Erachtens sehr leicht günstig beeinflussen kann. Es fängt mit einem Lachen an. Wir werden mit einem „Entwaffnenden Lächeln" von Geburt an ausgestattet. Wenn ich mich irgendwo unter Menschen befinde, die mein Lächeln nicht erwidern, dann sollte ich mich besser zurückziehen und mir andere entspanntere Zeitgenossen suchen. Jedes kleine Kind kann ein ehrliches Lachen unterscheiden, ein aufgesetztes Lachen ist es sofort am Meiden. Warum können und wollen wir Erwachsenen diesen oft alles entscheidenden Unterschied nicht mehr wahrnehmen? Alles scheint dem rein Funktionalen, Rationalen zwanghaft untergeordnet zu sein. Ein fröhliches belebendes Lächeln findet da leider keinen Platz. Wir Menschen haben zu 60 bis 70 Prozent am Tag ein Lächeln im Gesicht. Fällt der Wert unter 20 oder gar unter 10 Prozent werden Menschen krank, ja sogar schwer krank.

Wir halten uns ständig unverhältnismäßig in Bewegung. Nachdenken scheint nicht erlaubt. Der Gruppenzwang ist bedrückend destruktiv. Einen Ort zu finden an dem sich Menschen treffen ohne Drogen und Gehirnwäsche scheint unmöglich. Seit Kindesbeinen an werden wir von einem Pferch in den anderen gereicht ohne dass wir mit konstruktiver Kritik widersprechen. Wir machen uns alle selbst

schwer krank, um uns dann nahezu unmöglich wieder zu heilen.
Ich wünschte mir gerade für die jungen Menschen einen friedlichen, lebendigen Ort, an dem sie sich individuell entfalten können.
Unsere wertvolle Lebenszeit ist bekanntlich sehr begrenzt, wir sollten uns gut um uns kümmern und um die Lebewesen, Menschen, die nach uns kommen. Wir haben Verantwortung zu übernehmen, die Kinder von morgen und übermorgen wollen hier auch glücklich sein. Alles ist in Bewegung und das ziemlich schnell, angefangen von einem Atom bis hin zu den gewaltigen Geschwindigkeiten im Universum. Man muss kein Wissenschaftler sein, um zu verstehen das hier etwas außergewöhnliches stattfindet. Die Dinge, Sachen können immer nur bis zu einem gewissen Punkt beschrieben werden, danach muss man „ich weiß nicht", „Gott", oder das Universum einsetzen. Hier ein paar Parameter, die wir im Alltagstrott nur zu gerne vergessen, weil wir uns zu wichtig nehmen und unnützen Dingen und Wertigkeiten hinterher eifern. Ein Wasserstoffatom welches wir als unumstößlichen Feststoff wahrnehmen dreht sich um seinen Protonen Neutronenkern mit über einer Milliarde mal in der Sekunde. Man kann Atomuhren mit der Genauigkeit der Umdrehungsgeschwindigkeit einstellen.
Atome gehen sehr schnell und aggressiv Verbindungen ein.
Der Zustand wird dadurch stabiler. Menschen gehen auch sehr schnell Verbindungen ein. Auch da wird da Zustand stabiler.
Das Verbinden geschieht auch hier mit einer schnellen heftigen Reaktion, es ist dann alles sehr explosiv. Verbindung, Partnerschaft, ein universelles Prinzip? Ich denke ja. Genauso wie Wahrheit, Gerechtigkeit und Freiheit in das Leben, in die Materie eingebucht sind. Es erfordert ein tieferes Verständnis, um unsere magischen Kräfte positiv einzusetzen, vielleicht auch Talent, eine Gabe. Es hat aber bekanntlich, wie alles seine Grenzen, die schon mal schnell erreicht werden. Der Tod als ewiger Bewusstseinswandler wird da schon mal als sehr bedrohlich wahrgenommen, wer in Todesnähe nicht in Schwierigkeiten kommt, keine Angst hat, ist ein verdammter

Lügner. Und das selbst belügen können wir alle sehr gut. Der Tod ist unvermeidlich und notwendig, aber es stellt sich immer die Frage „wie kann ich mich angemessen wandeln?" Wer steht mit Rat und Tat zur Seite. Es scheint ein Tabu zu sein, darüber nachzudenken scheint verboten. Man kann diese Fragen über den Tod leider nicht abschließend klären, jeder möchte Antworten haben. Auch da hilft denke ich wieder den Blick ins Universum, in unser Sonnensystem zu richten. Wir drehen uns am Äquator mit fast zweifacher Überschallgeschwindigkeit, ca. 1700km in der Stunde. Die Erde zieht den Mond ums sich und dreht sich in der Sonnenumlaufbahn mit über 100 000 Km/Std. Gewaltige Massen sind um uns in Bewegung und wir stehen mitten in der Ewigkeit und Unendlichkeit als würden uns diese Dinge uns nichts angehen. Hier ist aktuell der einzige winzige Ort an dem Leben wie wir es kennen stattfindet.

Ein wunderbares Geschenk, das wir oft nicht erkennen, weil wir zu selbstverliebt und selbstsüchtig sind. Wir geben Dinge einen Wert, zum Beispiel Luxus, Statussymbole, etc., die eigentlich wertlos sind. Metalle wie Gold werden weitaus höher gehandelt als ein fröhliches verbundenes menschliches Begegnen. Wir verfallen optischen Reizen und fühlen nicht mehr den wahren magischen Charakter hinter den Dingen. Für mich fängt Magie mit einem Lächeln an, dann folgt Anstand, Respekt, Achtsamkeit, gefolgt von Wahrheit, Gerechtigkeit und Freiheit. Bringt man diese Dinge in ein gutes Verhältnis zueinander dann entsteht „Wohl sein", Glück und Liebe auf eine magische Art und Weise. Es gibt hier nur individuelle, aber sehr deutlich fühlbare Lösungen, etwas das alle Menschen vereinen und weiterbringen könnte. Man darf noch träumen.

Um unsre magischen selbstheilenden Kräfte zu aktivieren ist also ein tieferes Verstehen notwendig, es gibt genug Bücher, Filme und Wissen im Internet um sich entsprechend vorzubereiten. Um weiße Magie zu fühlen, bedarf es einiger weniger Übungen, ich bleibe bei der positiven liebevollen Magie, Schwachsinn und Blödsinn gibt es schon genug in der Welt, ich finde den auch bei mir selbst oft genug.

Ich erfinde das Rad nicht neu. Ich greife auch auf vorhandenes Wissen und Erfahrungen zurück, bleibe aber gerne bei mir selbst und was ich da so gefunden habe. Ich wurde 1986 zum ersten Mal mit einem spirituellen Werkzeug konfrontiert. Es ist die Wünschelrute aus zwei Stahlstangen. Drei Jahrzehnte lagen die Antworten für mich im Dunkeln, bis ich unter einem furchtbaren Leidensdruck Selbstversuche durchgeführt habe. Im Internet war auch nicht viel Erklärendes zu finden. Ich folgte ab dem Jahr 2016 zunehmend meiner inneren Eingebung. Ich wusste das es Bewusstsein gibt, welches auf Symbole anspricht. Bei positiven Gefühlen war klar das man Einfluss erwirken kann, ich war überrascht über den Effekt, den diese wie ich behaupte, magischen Dinge haben. Ich leide seit fast 30 Jahren unter eine schweren lavierenden Depression, einem Angsttrauma. Die Folge seit 2019 ist eine Krebserkrankung. Nachdem ich mich seit langem am Ende der Welt immer wieder neu erfinde möchte ich ein paar Sachen teilen. Ich hätte eigentlich mehrere dutzend Male versterben müssen, trotzdem bin ich noch hier, vielleicht um einige vielleicht auch absurde Denkanstöße zu geben. Ich will niemanden belehren, auch wenn sich das so anfühlt, aber mir ist im Leben so viel unnötiges Leid begegnet, das möchte ich einfach nicht so hinnehmen.

Als erstes habe ich mir im Jahr 2016 zwei Stahlstangen gebogen, weil ich nichts Vernünftiges im Internet gefunden habe. Es gibt da oft Stangen aus Messing, die funktionieren aber nicht so gut.

Eine metallische Wünschelrute in den Händen eines Menschen ist nichts anderes als ein analoges Strommessgerät im Millivoltbereich. Unser Nervenimpulse und unsere Muskeln sind im Millivoltbereich messbar. Ein Mensch, der die Wünschelrute bedient kommuniziert letzte Endes mit dem Universum oder mit Gott. Den Begriff Gott verwende ich nicht gerne, aber man weiß sofort um was es geht. In Bezug auf den Gottesbegriff manchen wir Menschen so denke ich einen entscheidenden Fehler. Man kann den Begriff Gott und Universum gleichsetzen. Wenn ich vom Universum spreche ist klar, dass es auch mein Gegenüber beinhaltet. Nichts existiert unabhängig voneinander. Mit der Erkenntnis sind in der Lage uns im Gegenüber zu erkennen. Wir verweilen friedlich. Wenn die meisten Menschen von Gott sprechen scheint es als wäre er von uns abgetrennt. Man vermutet ihn irgendwo da draußen, da oben als furchteinflößenden zornigen allesbestimmenden Gott, dann wird es gefährlich, wenn man daraus elitäres Wissen macht wird es in der Regel sofort missbraucht wird. Das Göttliche zielt auf „Wohlsein" ab, die Menschen neigen dazu Geheimwissen aus allem zu machen und die letzte Wahrheit für sich zu beanspruchen. Das magische „Sich selbst im Gegenüber zu erkennen" bleibt bedauerliche Weise aus. Kriege und was es da alles Schlechte in dieser Welt gibt, entsteht aus dieser kleingeistigen Weltsicht. Wir sind alle eine große Familie und sollten uns liebevoll kümmern. Es ist eigentlich kein Vorwurf an die Religionen, es ist eine enttäuschende nüchterne Feststellung. Nur wenn man versteht kann man Neues und positive magische Veränderung zulassen, bei sich selbst und bei anderen.

Also zurück zur Wünschelrute, sie dient zur göttlichen und universellen Abfrage. Ich habe eine Schneeflocke, Eiskristall in 3D nachgebaut. Er war wie eine Säule geformt. Ich hängte den Eiskristallnachbau an meine Decke und ließ Wasser durch ihn laufen. Das Wasser wurde von mir angesaugt und per Kapillareffekt nach oben gedrückt. Es floss auf der anderen Seite wieder runter in meinen Auffangbehälter. Ich erkannte den symbolischen und magischen Wert von dem Nachbau und wie alles was von Menschenhand erschaffen ist hat es Einfluss und strahlt aus. Auch telepathisch wie bei einer Fernheilung, ich führte vorher und nachher Messungen mit der Wünschelrute durch. Mir war sofort klar, dass ich das Wasser aus dem Wasserhahn mit einer anderen spirituellen Energie beaufschlagt habe. Wasser ist für eine magische Selbstheilung bei Krebs so interessant, weil es der Dirigent in der Materie ist. Es ist das alles Bestimmende, es ist der direkte Draht zum

„Lieben Gott" oder zum Universum. Es wird von allen Religionen seit Jahrtausenden zum „In Kontakt treten" benutzt. Das informative Energiefeld im Hintergrund der Materie bildet im Bruchteil einer Sekunde Wasser zu einem Eiskristall (Schneeflocke) aus. Dieser ist dann statisch und ästhetisch perfekt geformt. Perfekte universelle Individuation. Seit Anbeginn der Zeit ist jeder Eiskristall anders als der andere. Gleichmacherei ist vom Universum sehr deutlich nicht gewollt. Nicht zu verwechseln mit Gleichheit was Gleichberechtigung bedeutet. Das Wasser, welches jetzt mit einer viel höheren spirituellen Energie ausgestattet ist, kann für magische Heilungszwecke eingesetzt werden. Der Effekt ist verblüffend.

Für Menschen, die rein wissenschaftlich materiell aufgestellt sind, bleibt die Sache erst mal im Verborgenen. Unser Leitungswasser ist mit Chemie versetzt wird meistens als Oberflächenwasser immer wiederaufbereitet. Bevor das Wasser aus dem Hahn zuhause kommt ist oft schon durch 5 bis 10 andere Lebewesen und Menschen geflossen. Man bekommt meines Erachtens schon mal schlechte Energie ins Haus geliefert die man aber wieder bewusst positiv stimmen kann. Es reicht die innere liebevolle Haltung eines Menschen aus oder man manipuliert bewusst positiv.

Wer noch nie gesehen hat wie eine Wünschelrute funktioniert dem gebe ich hier eine kurze Erklärung. Man hält die um 90 Grad gebogen Metallstangen in seinen Händen so dass die Fühler parallel zueinanderstehen. Führe ich die Fühler über Wasser oder andere Gegenstände, sowie über Zahlen dann kann ich mir den positiven oder negativen Effekt, Energiegehalt anzeigen lassen. Gehen die Zeiger auseinander ist es in der Regel negativ. Kreuzen sich die Zeiger dann ist es ist der Regel positiv. Mit ein bisschen Übung und gutem Willen bekommt das eigentlich jeder Mensch hin. Stellt man einen Wassereimer, bei manchen Menschen reicht ein Wasserglas aus, vor sich hin, dann kann ich das Wasser abwechselnd mal mit Liebe oder Hass, etc. ansprechen und sich die Veränderung mit der Wünschelrute anzeigen lassen. Ich kann Symbole oder Gedichte, etc.

darunterlegen und das Wasser reagiert sofort darauf. Es gibt immer wieder Berichte das sich Menschen mit dem Beleben und Vitalisieren von Wasser geheilt haben. Ich denke da ist etwas dran, aber bei einer schwerem Erkrankung wie Krebs würde ich auch ganz klar Schulmedizin einsetzen. Auch hier gilt es die Dinge in ein fruchtbares Verhältnis zu bringen.

Zu sehen auf meiner privaten Webseite. Passwort: 732 (eventuell müssen sie das Passwort, welches ab und zu verändert wird, per Email bei mir anfragen)

magischer-dichter777@web.de

www.magischer-wasserspiegl777.de

Es gibt unterstützende meditative Heilmethoden wie z.B. autogenes Training oder Yoga, etc. meine Version ähnelt dem Reiki.

Bei Reiki greift man auf die universelle Energie zu und heilt mit Symbolen. Auch hier empfehle ich Eigeninitiative, die spirituellen Werkzeuge anzuwenden lässt sich mit Geduld erlernen.

Ich nenne meine selbstheilende Version „Wassermagie777", weil sich das Wasser auf eine magische Art und Weise zur Heilung einsetzen lässt. Die vollkommene Zahl 7 fließt mit ein. Dreimal die Sieben bedeutet das Absolute auf Körper, Geist und Seele anstreben.

Als weiteres transzendentes Werkzeug setze ich die Einhandrute ein. Genauso wie beim Pendel oder der Wünschelrute kann die universelle Energie abgefragt werden. Also ein Ja, Nein und ein Vielleicht. Vor dem universellen Abfragen kann die Einhandrute an der Handinnenfläche ausgerichtet werden. Sie dreht sich in der Regel im oder gegen den Uhrzeigersinn. Zauberer und Magier nutzen z.B. die Handinnenflächen zum Abgreifen von Informationen oder zum Energie schieben, sowie zum Manipulieren von Gegenständen.

Bei mir dreht sich die Einhandrute im Uhrzeigersinn so stark, dass sie nach wenigen Sekunden zerstört werden würde, wenn ich nicht zurückziehe. Meine Deutung, Interpretation ist das ich sehr starke Energie mit meinen Händen erzeugen kann. Damit kann man so einiges anfangen. Aber auch hier möchte ich den Menschen bewusst machen, dass es diese Kräfte gibt und sie jeder zu seinem Vorteil nutzen kann. Unsere Hände sind ja auch das Werkzeug, das uns vom Rest der Schöpfung abhebt. Erst durch den aufrechten Gang ermöglicht. Unsere Zivilisation wäre erst gar nicht möglich ohne den geschickten Einsatz von unseren Händen. Ich finde es sehr spannend diese Dinge, Energien kreativ zu nutzen.

Eine Demonstration wie die Einhandrute funktioniert findet ihr auf meiner vorher genannten privaten Webseite. Nachdem ich parallel ein Symbol samt Zauberauftritt entwickelt habe befindet sich die gute Einhandrute in einem von mir erfunden dreigeteilten Zauberstab. Dreigeteilt, weil wir dreigeteilte Wesen sind.

Von außen sieht man bei dem Zauberstab nur zwei Ebenen, Körper und Geist. Ziehe ich den Zauberstab auseinander kommt symbolisch unsere dritte Ebene die Seele zum Vorschein. In den Zauberstab habe ich außerdem zwei Tricks eingebaut, um mit Geld zu zaubern.

Aber dazu später, wir bleiben erst mal bei den spirituellen magischen Werkzeugen. Um dem Universum Informationen abzuringen kann man alles Mögliche benutzen. Es gibt Runen, Karten, sogar Innereien von Tieren und Kaffeesatz eignen sich hierfür.

Wenn man solche Werkzeuge benutzt sollte eine positive, ehrliche, liebevolle Motivation dahinterstehen. Und bitte immer kritisch bleiben, es macht Sinn die eine oder andere Sache zu hinterfragen. Solche Sachen können auch starke Ängste auslösen, also bitte übernehmt Verantwortung für euch und euere Mitmenschen.

Man zaubert am besten mit Liebe, aber was ist Liebe. Ich habe in meinem ersten Buch, „Ein Gedichtband aus dem Zauberland", versucht die Liebe in meinem Gedicht 089 zu umschreiben. Es gibt dort auch einen sehr interessanten Dialog 100 mit der Liebe selbst.

Das dritte Werkzeug, das ich benutze, ist das Pendel. Ein Herr Goethe sagte mal das ist das genaueste Werkzeug, welches er kennt. Ich war anfangs sehr kritisch und ich habe sofort diese Aussage in Frage gestellt. Ich experimentierte ein paar Mal mit dem Pendel und wollte es schon weglegen als ich bemerkte, als das mir fremde Dinge mich regelrecht exakt ausguckte. Ich bekam schon nach kurzer Zeit sehr präzise Antworten, ich war positiv überrascht. Meine Idee war sofort das sich die spirituelle Energie von Wasser damit messen lässt.

Ich folgte wie so oft meiner inneren Eingebung. Jetzt wird es nicht nur absurd, sondern auch etwas abenteuerlich.

Sie bekommen jetzt Teilhabe, das heißt wenn sie möchten, an einer außergewöhnlichen magischen künstlerischen Sache. Man kann mit elektronischen Messgeräten die spirituelle Energie messen.

Das Wasser strahlt aus, es fluoresziert. Ich beziehe mich auf den Film „Die geheime Macht des Wassers".

Das Wasser, welches aus unsere Wasserhahn fließt, ist in der Regel tot. Es wird ein Wert von 2 bis 3 erreicht. Ich benenne diese Einheit WEE, also Wasserenergieeinheit. Es gibt dort den Wasserfall Iqausu in den Anten/ Südamerika der in über 3000 Metern Höhe entsteht. Das Wasser dort beinhaltet kaum andere Informationen außer die aus seiner sehr sauberen reinen Umgebung ohne Menschen und Raubbau. Der Wert, der dort von russischen Wissenschaftlern gemessen wird, beträgt über 40 000 WEE. Jetzt kommt meine abenteuerliche Behauptung mit unserem menschlichen Bewusstsein können wir einen etwas höheren Wert erreichen. Ich belebe Wasser mit meinem Symbol „EMuS" (EwigerMomentunendlicherSchönheit). Es ist eine symbolische Darstellung vom Universum auf sieben Ebenen, abgeleitet von einem säulenförmigen Eiskristall. Es entsteht spirituelle Energie nur durch das Unterlegen, also bewußte verknüpfen mit dem Wasser ein „magisches heilendes Hunderttausendwasser". Aber bitte wie immer Vorsicht walten lassen, diese Behauptungen sind wissenschaftlich nicht belegbar. Für viele Menschen ist das esoterischer Humbug oder Nonsens. Also steigert euch bitte nicht in eine solche Sache, wenn auch inspirierende Angelegenheit, rein. Immer schön auf dem Boden bleiben, auch wenn es immer überall Zeichen und Wunder gibt.

Diese Dinge haben Grenzen, welche schon mal schnell erreicht sind. Ich lasse mir mit einer kreisförmigen Fünfziger Teilung die WEE mit

dem Pendel anzeigen. Es geht nicht darum genaue Werte zu ermitteln, sondern darum das wir mit unserem Bewusstsein positiven Einfluss nehmen können. In einem meiner Gedichte habe ich folgenden schönen Vers eingearbeitet:
„Alles ist von Bewusstsein umschlungen, zeitlos in Schönheit durchdrungen"
In Symbole ist auch Energie eingebucht, die ich dann in die Sichtbarkeit bringe mit meinen drei bevorzugten spirituellen Werkzeugen. Wünschelrute, Einhandrute und Pendel.
Die Wassermagie777 pendeln, auch hier gibt es eine kurze Vorführung auf der Webseite. Eine spaßige Variante davon ist dann das Zauberlotto777. Bitte nicht spielsüchtig werden. Ist nur eine lustige Idee, die man mal einsetzen kann.
Bewusstsein lässt sich symbolisch darstellen, ein abschreckendes Beispiel ist das einfache Hakenkreuz. Es war ursprünglich ein Glückssymbol, Sonnenzeichen und dann Unglückssymbol. Ich wollte diesen und anderen destruktiven Symbolen etwas entgegensetzen oder besser etwas dafür tun das es besser wird. Mein Symbol „EMuS" hat sieben Ebenen und acht kreisrunde Ecken. Es soll eine achtarmige Schneeflocke symbolisch nachgebildet werden, es sind die schönsten Eiskristalle, die in der Natur zu finden sind. Eine ausführliche Definition vom EMuS findet man auf der Webseite oder in meinem Buch „Ein Gedichtband aus dem Zauberland". Das Symbol ist patentiert für die nächsten zehn Jahre, gegen eine private Nutzung ist aber nichts auszusetzen. Ich habe immer wieder Mitmenschen die Sache mit den Symbolen erklärt und sie die Energie fühlen lassen. Ich habe hunderte von Untersetzer hergestellt und verschenkt, es war für mich immer eine belebende magische Demonstration.
Also hier das vorläufige Ergebnis meiner Inspirationen und Ideen.
Das EMuS Symbol, natürlich auch andere, kann man hervorragend zum therapeutischen Heilen und Zaubern einsetzen.
In meinem zukünftigem magischen Onlineshop
www.zauberland69121.de

können sie von mir handgefertigtes Zauber- und Heilungszubehör kaufen. Die Sachen werden dann von mir als Unikat für sie persönlich hergestellt. Ich personalisiere diese kunstvollen magischen Objekte dann mit einer individuellen Widmung, ihren Wünschen entsprechend.

Alternativ können sie mir bei Facebook eine Freundschaftsanfrage stellen, da kann man die zauberhaften Unikate ebenso einsehen und die Ideen bei Bedarf selbst kopieren. Auch wenn ich hier auf meine kommerziellen Kunstwerke verweise dient dieses Buch in erster Linie der Aufklärung und Unterstützung, um einen individuellen Selbstheilungsweg einzuschlagen. In all den Jahren, seit spätestens 2016, als ich meinen eigentlichen Auftrag in den Horizont bekommen habe, agierte ich sehr selbstlos. Ich hatte Freude daran andere Menschen, gerade Helfer glücklich zu machen, als kleines Dankeschön für ihren Einsatz in der Pflege, etc. Es war sehr spannend für mich zu beobachten, wie die oft sehr unterschiedlich eingestellten Menschen darauf reagierten. Ich konnte den Menschen sehr tief in die Seele schauen so manche Begegnung hat mir geholfen mein Konzept „ZauberBastelGedichteQuatsch" weiter zu entwickeln. Meine Krebserkrankung kommt ja nicht einfach so daher, dafür gibt es Gründe, ohne dass ich gleich wieder einen Schuldigen suche. Ein Grundstein für diese schmerzhafte Reise und Erfahrung liegt wie bei allen Menschen in der Kindheit und dem fehlenden Umgang mit unseren Gefühlen, vor allem der Angst. Unsere Grundgefühle wie Kummer, Ärger, Neid, Angst und Liebe überfordern uns sehr schnell. Wir alle bekommen meines Erachtens keine gute Lebensanleitung. Erst wenn es richtig schmerzt fangen wir zögerlich an nachzudenken und uns anders zu verhalten. Ich habe der Erziehung von einem Dutzend Kinder beiwohnen dürfen und es hat mir viel Freude bereitet meinen Teil zum Wohlfühlen beizutragen. Ich war öfter der Nikolaus und habe mir alles Mögliche ausgedacht, um die Kinder zu unterhalten und glücklich zu machen. Das liebevolle Kümmern um eine Einzelperson war immer greifbar, Kinder vor einer Playstation, etc. einfach alleine abstellen geht gar nicht. Kindliche Fröhlichkeit gilt es unter allen Umständen zu erhalten, deswegen habe ich seit 2016 einen Zauberauftritt für Kinder entwickelt. Der Slogan heißt: „Fair geteilte Moneten retten den blauen Planeten", ich erkläre und konfrontiere hierbei die Kinder mit unseren Zauberkräften auf eine für alle verständliche Art und Weise. Ich wünsche mir das die Kinder fair durchdacht teilen lernen. Ich zaubere mit Lichtern und schenke jedem Kind ein Licht, auch schon mal mit einem netten Gedicht. Nach dem tröstlichen Motto. „Immer wenn du denkst es geht nicht mehr kommt von irgendwo ein Lichtlein her". Oder sogar ein Gedicht mit Licht.

Es gibt eine kurze und eine etwas längere Version von dem Zauberauftritt777. Mit den von mir erfundenen Zaubersachen könnte man zwei bis drei Tage zaubern. Wenn ich alles Wissen um Magie weitergegeben habe wird es für den einen oder anderen schon mal langweilig. Ich gehe dann dazu über die Welt so wie ich sie sehe zu erklären. Es gibt so viel mit dem man sich beschäftigen kann, ohne sich gleich wieder von einem Handy ablenken zu lassen. Ich war oft mit Kindern in der Natur und es hatte immer etwas belebendes entspanntes, einfach Zeit miteinander zu verbringen. Wertvolle nachhaltige Beschäftigung muss auch nicht immer gleich Geld kosten. Ich konnte Kinder stundenlang belustigen, weil wir aus Papier Flieger und Schiffe hergestellt haben.

Ich beginne meinen Zauberauftritt, der auch für Erwachsene interessant ist, in der Regel mit dem Einüben von Grimassen und einem herzlichen Lachen. Ich wackle mit meinen großen Ohren und bitte alle mitzumachen. Nach einiger Zeit mache ich erst mal gar nichts, ich lasse es langweilig werden, ich sage nichts und es kehrt Ruhe und Stille ein. Für die meisten Kinder und Erwachsenen unerträglich, der Auftritt droht zu kippen, aber es macht immer jemand ein Geräusch und alle fangen das Lachen an. Ich gehe dazu über zu erklären, wie Magie funktioniert. Es gibt Zaubertricks und echte reale Magie, die man auch zum Heilen einsetzen kann.

Ich bediene mich seit einigen Jahren dieser Erkenntnisse und kann am Ende der Welt bestehen. Uns das sogar sehr kreativ. Es ist für mich eine tröstende Genugtuung das ich diese Dinge in mir gefunden habe und jetzt reiche ich mein Wissen gerne an sie weiter.

Wenn man mit Geld zaubert hat man das Publikum sehr schnell auf seiner Seite. Ich habe einige Unikate gebastelt und erfunden, um unseren Umgang mit Geld zu hinterfragen. Ich bin für das „fair durchdachte Teilen", was ich damit meine drücke ich mit einem meiner Zaubertricks aus. Ich zaubere einen Euro weg, den ich vorher herbeigezaubert habe. Ich frage ob man bereitet ist den Euro zu teilen. Oh Wunder, im nächsten Schritt sind dann zwei Euro verfügbar. Meine Anleitung und Deutung: "Wenn ich etwas fair durchdacht teile wird es nicht weniger, sondern mehr". Einfach mal unser aller Selbstsucht ausbremsen, ich war erstaunt wie positiv die Kinder den Denkanstoß aufgenommen haben. Also man schafft mit Magie eine Illusion in der Illusion (unsere Realität?). Es gibt auch genug Menschen die sich veräppelt fühlen, aber darum geht es nicht. Einfach mal die Menschen aus ihrem Alltag reisen und runterfahren. Bei echter realer, manche sagen auch „weißer Magie", sind die Dinge mit dem Verstand nicht erklärbar. Schwarze Magie wird hier nicht behandelt, ich zaubere mit viel Liebe. Schwachsinn gibt es schon genug in der Welt. Ich möchte meinen Beitrag leisten, um die Welt wieder ein bisschen mehr ins Lot zu bringen.

Bei meiner Version von heilender belebender Magie geht es um das Visualisieren. Ein sehr rationaler Herr Einstein sagte mal: „Wissenschaft ist gut, Imagination (Vorstellung) ist besser". Dieser Weisheit entspreche ich voll und ganz, sie findet nur leider zu wenig Beachtung. Ich reise mit den Kindern nach einer Weile ins fantastische Zauberland777 und führe dort Handlungen durch. Ich drehe die Kinder dann so richtig auf, wir entfachen eine lautes Trommelfeuer. Wir stellen ein magisches heilendes Zauberwasser her und wünschen uns Gesundheit, Liebe, etc. Jetzt messen wir das

Wasser mit meinen, unseren drei spirituellen Werkzeugen und erfreuen uns der guten Stimmung. Die Reise ins Zauberland finden sie in meinem ersten Buch oder auf meiner privaten Webseite.

Ich lade jedes Kind ein, ein eigenes Zauberland777 zu malen, in das man sich notfalls schon mal flüchten kann. Mir hat mein Jugendfreund Christian ein wunderschönes Zauberland777 am 22.8.2019 gemalt als ich im Krankenhaus um mein Leben gekämpft habe. Ich hatte drei Wochen zuvor eine Skizze gemalt, also 21 Tage vor, jetzt bekam ich ein tolles Bild von Christian das meiner Vorstellung entsprach.

Ich erkannte sofort den esoterischen Wert dieses Bildes.

Mein Jugendfreund hat meiner Deutung nach tatsächlich meinen Tumor in die linke Leiste gemalt. Man sieht Zauberadler, die im Zauberland777 landen wollen und die Erblast von Generationen, mein Opa steht neben dem Wasserfall.

Ich nutze das Bild zur Meditation und zum Visualisieren.

Meine Chemotherapie war damals viel zu niedrig angesetzt, weil ich körperlich zu sehr geschwächt war. Trotzdem ging der Krebs deutlich zurück. Eigentlich wissenschaftlich so nicht erklärbar. Eine Onkologin sagte darauf: „Vielleicht haben sie ja etwas für die Anderen".

Ich wiederhole mich dieser Stelle, die Erklärung hier hatte ich vorher getrennt geschrieben, ich lasse das einfach hier jetzt nochmal stehen. Aber wenn ich mit Wasser und Symbolen daherkomme wird es für die meisten Menschen schnell unglaubwürdig. Für mich sind diese heilsamen magischen Energieimpulse deutlich zu spüren, aber wie gesagt, die Grenzen sind auch hier schon mal sehr schnell erreicht. Trotzdem würde ich nichts unversucht lassen, um mein Leben oder das meiner Nächsten wieder ins Lot zu bringen. Laden sie sich selbst ein, mal etwas anderes und Neues zuzulassen. Natürlich nur als Zusatzoption ohne Gewähr. Manchmal muss man eben mutig sein.

So eine brutale Erkrankung wie Krebs erfordert von morgens bis abends Tapferkeit und Disziplin, man darf nicht nachlassen. Aber das ist einfacher gesagt wie getan, ich bin auch schon mal resigniert, verbittert und hoffnungslos. Finde mich nicht zurecht, weil ich so geschwächt bin. Trotzdem bemerke ich immer wieder ab einem gewissen Punkt, da treibt mich etwas an das viel stärker als ich ist. „Es will sein und durch mich findet es sich ein".

Es mag überheblich klingen, aber ich bin nicht der Typ Mensch, der sich über andere erhebt. Ich bin eher bescheiden und selbstlos. Materielle Dinge bedeuten mir nur so viel als das ich sie für mich und andre greifbar und nutzbar mache. Die innere liebesfähige Haltung eines Menschen halte ich für ausschlaggebend, um Selbstheilung anzustoßen. In jungen Jahren war ich sehr destruktiv nach außen hin, ich war wie viele um mich herum regelrecht vergiftet. Das ist, wenn ich zurückdenke irgendwie so irreal, so schauerlich bedauerlich. Deswegen hier eine, meine bessere Lösung die man von Anfang an anstreben sollte.

Also weiter mit dem Zaubern für kleine und große Kinder. Ich wollte den Menschen immer ein belebendes oder tröstendes Licht reichen. Ein Zaubertrick besteht aus dem Herbeizaubern von Knicklichtern. Ich habe hin und her überlegt, wie ich das anstellen kann. Eine Idee war dann ein Zauberrohr aus Pappe zu basteln, in das ich bis zu 20 Knicklichter einbringen kann. Durch Verdrehen der Innenseite kann man die Lichtern herausfallen lassen. Es dauert fast zwei Tage um so einen einfachen, natürlich auch schnell durchschaubaren Zaubertrick herzustellen. Gerade die kleinen Kinder sind immer sehr amüsiert, wenn sie ein Knicklicht gereicht bekommen. In dem Knicklicht ist ja auch Wasser enthalten, welches man dann mit einem Zauberspruch oder einem Wunsch belegen kann. Auch hier ist unserer Fantasie keine Grenzen gesetzt, wenn man sie als Zauberarmband verwendet. Zum Beispiel einem krebskranken Kind ein solches Armband zu zaubern hat doch etwas sehr Liebenswertes, Belebendes, und natürlich auch etwas Tröstendes. Also vielleicht denken sie auch das nächste Mal dran, wenn sie fröhlich lachende Kinderaugen vor sich haben. Knicklichter kosten nicht viel sind lange haltbar. Es lassen sich daraus auch alle möglichen Figuren formen.

Es gibt auch Fingerlichter, die kann man sogar ein und ausschalten.
Hier war meine Idee ein Zauberstab aus gerolltem Fotopapier.
Es gibt eine kleine sowie eine große Version. Der Zauberstab scheint geschlossen, aber mit einer geschickten Bewegung nehme ich das Licht heraus und behalte es in meiner Faust. Ich lasse ein bisschen Zeit vergehen, um im nächsten Moment das Licht in die Sichtbarkeit zu bringen. Alle von mir erfundenen Zaubertricks finden sie auf meiner Webseite oder bei Facebook. Also zaubern sie mit, die Mühe lohnt sich, wenn man dafür ein Lächeln geschenkt bekommt.
Bei der größeren Zauberstab Version zaubert man eine Fingerpuppe herbei in der ein Licht verborgen ist, welches man dann anschalten kann. Kleine Kinder sind davon ebenso ganz fasziniert.
Eine weitere Erfindung von mir ist es Geld in Münzen und Scheinen aus einem Zauberstab heraus und hinein zu zaubern. Ebenfalls auf meiner Webseite zu sehen, Geld geht immer, oft wird`s damit aber schlimmer. Ich beschrifte dann die Münzen, die herbeigezaubert werden mit magischen Zahlen. Es amüsiert dann beim Bezahlen in die verwunderten Gesichter zu schauen. Es soll Glück bringen und mit einem positiven Verwendungszweck besetzt werden ist dann meine Erklärung.
Es gibt in Russland die Mattuschkapuppen, ich habe davon eine Zauberstabversion entwickelt. Ich rolle Fotopapier zu immer größeren Zauberstäben auf, die ich dann ineinanderschieben kann.
Es gibt eine Gedichteversion hiervon, ich lasse die Zuschauer dann schon mal einen Teil wählen und deute dann die aktuelle Stimmungslage vor Ort. Je nach Ausführung bastelt man einige Stunden an diesen kunstvollen kreativen Objekten. Ich habe bis zu 11 Teile ineinander verschwinden lassen, ein Bastelspaß der Extraklasse. Einer Onkologin habe ich im November 2020 bei meinem Krankenhausaufenthalt ein solches Exemplar zukommen lassen.
Den verwunderten Blick und das Amüsieren darüber hat mich für einen Moment getröstet, ein kleines Dankeschön meinerseits.
Ich demonstriere beim Zaubern ein weiteres spirituelles Werkzeug,

es ist der Wassertornado. Ein japanischer Forscher profiliert sich mit dem Heilen von Symbolen und dem Tornadoadapter, seine Version kostet dann fast 20 Euro. Unverschämt. Um einen Wassertornado herzustellen, benötigt man keine so teure Ausführung. Ein Schlauch reicht auch aus, am besten transparent. Eine einfache farbige Ausführung kostet ein bis zwei Euro. In unseren Bächen und Flüssen werden Strudel erzeugt, das wird hiermit nachgeahmt. Das Wasser reinigt sich dadurch selbst. In modernen Filteranlagen wird dieser Effekt ebenfalls genutzt. Die Spirituelle Energie wird dadurch ebenfalls nachhaltig gesteigert. Ein offenes Geheimnis das leider nicht ausreichend in der Bevölkerung Beachtung findet. Wenn wir Wasser zum Beispiel in unserer Badewanne abfließen lassen dann entsteht ein Wasserstrudel, welcher sich auf der Nordhalbkugel im Uhrzeigersinn dreht. Wenn ich mit zwei Flaschen einen solchen Strudel imitiere dann drehe ich den am besten so an das, dass sich das Wasser im Uhrzeigersinn dreht. Damit erzeuge ich positive Energie, welche ich dann zur Heilung einsetzen kann. Ich stelle meinen spirituellen Adapter mit meinem Symbol „EMuS" selbst her. Oder ich schreibe einfach magische Zahlen drauf, die dann die entsprechende Energie aus dem Universum auf magische Art und Weise in die Sichtbarkeit bringt. Ich halte dann schon mal die zwei Flaschen mit dem Adapter über meinen bösartigen Tumor in der Leiste und messe die Energie mit dem Pendel vorher und nachher. Es reicht, wenn man das Wasser zehnmal im Uhrzeigersinn andreht, ich spüre immer sehr deutlich die positive Veränderung. Auf meiner Webseite findet man eine Videovorführung. Für Kinder ist es auch sehr spannend diesen Effekt wahrzunehmen, bei meinen Zauberauftritten nehme ich gerne eine kleinere Ausführung mit und demonstriere meine magische heilende Version. Im Jahr 2017 war mein Zauberauftritt soweit fortgeschritten das ich mich traute ab und zu für Kinder zu zaubern. Einmal waren zwei Jungs im Alter von 8 und 10 Jahren mit ihren großen Schwester zu Besuch. Ich eröffnete meine Zauberei mit meinem magischen Kindergedicht. Wenn ich zaubere

dunkle ich gerne den Raum ab und benutze blaues Licht an.
Man sieht nicht so schnell wie ein Trick funktioniert und es wird eine
spannende belebende Atmosphäre erzeugt. Die Zaubertricks, um
Geld herbeizuzaubern kamen sofort gut an. Anschließend die
Lichtertricks und dann kam ich zur geheimen magischen Macht des
Wassers. Die beiden Jungs konnten sofort die Energie mit der
Wünschelrute nachempfinden, die waren sehr erstaunt. Ich erklärte
dann was es damit auf sich hat und ich denke es ist auf fruchtbaren
Boden gefallen. Oft vergessen Menschen diese unterstützenden
magischen heilenden Dinge. Ich gehe davon aus das man, bei mir war
es genauso, sich daran erinnert und die Dinge eventuell zu einem
späteren Zeitpunkt für sich nutzt. Als wir zum Ende mit dem
Zauberauftritt kamen ließen wir noch einen Wunschluftballon
starten. Ich nehme hierfür 30 cm Luftballons und befülle diese mit
Helium. Vorher gebe ich einen Schwebezeitverlängerer in den Ballon,
den ich dann in den Luftballon einreibe. Um mehr Dehnung im Ballon
zu erzeugen kann man den Luftballon auch als erstes Aufblasen.
Ich verschließe den Luftballon mit einem Knoten und binde eine
Schwur oder ein Band an den Knoten. Die Schur versetze ich dann mit
Symbolen und einem Wunschschild. Am Konten befestige ich einen
ein Licht, man kann es aber auch in den Ballon geben.
Diese von mir modifizierten Luftballons schweben bis zu 10 Tage in
der Luft. Ein solcher Luftballon steigt 3 bis 4 Kilometer in die
Atmosphäre auf und fliegt bei günstigen Bedingungen einige hundert
Kilometer weit. Meine Idee dabei ist es mit dem Universum auf eine
magische Art und Weise in Kontakt zu treten, mal schauen was dann
so passiert. Ich wünsche mir dann schon mal Gesundheit und andere
belebende Sachen. Der Spaß und die Freude dabei, wenn der
Luftballon mit seinen Schildern aufsteigt ist sehr lustig und amüsiert
auch Erwachsene. Öfter sind auch Passanten stehengeblieben, sogar
zurück gelaufen um den Luftballon aufsteigen zu sehen. Es dauert bis
zu zwanzig Minuten, um den Luftballon startklar zu haben, da steckt
viel Liebe zum Detail drin. Luftballons gehen bei kleinen und großen

Kindern immer und diese sind nicht teuer. Vielleicht nehmen sie sich ja auch mal Zeit, um ihre Wünsche auf die Reise zu schicken.

Zurück zur meditativen magischen Zauberei. Ich habe mich vor ein paar Wochen für zwei Tage alleine in ein Zimmer zurückgezogen. Die Menschen wollen ständig streiten, für mich sind das oft sinnlose Sachen und Angelegenheiten und das wird mir dann schnell zu viel. Ich suche den Dialog, den Kompromiss mit meiner Umwelt.

Ich bin oft resigniert, weil ich bemerke es geht fast immer um Rechthaberei und krankhafte Selbstsucht. Ich halte es genauso wenig wie ein Kind aus, wenn Menschen mir gegenüber die Stimme erheben, mich abwerten und dominieren wollen. Gleichgültigkeit und Ignoranz von Menschen, die ich liebe halte ich nicht gut aus.

Es dauerte immer eine ganze Weile bis ich diese furchtbare, natürlich auch fruchtbare Isolation angenommen habe und versuche mich zu zentrieren. Ich wünsche mir eine ruhige, friedliche und harmonische Atmosphäre, in permanenter Todesnähe dreht sich die Uhr halt schon mal andersherum. Man konzentriert sich auf das Wesentliche, für mich stellt sich dann sehr oft die Frage: "Was hinterlasse ich den Menschen, die nach mir kommen und vielleicht ebenso aus Nichtwissen und Unachtsamkeit in eine solche ausweglose Situation geraten. Das ist seit dreißig Jahren immer wieder meine Motivation. Meine Zeit ist knapp bemessen, das kann ich sehr deutlich fühlen.

Es stellt sich auch immer wieder die Frage: „Was ist, was kommt nach dem Tod?". Nachdem wir fleischgewordenes Bewusstsein, Energie sind, das ist zumindest mein Verständnis vom Leben reiche ich diese Frage direkt an Gott oder das Universum weiter.

Wenn Ruhe eingekehrt ist kann ich die Tür auf die andre Seite ein wenig öffnen. Ich habe sehr viele Gedichte geschrieben und fragte mich oft woher diese innere, unglaublich kreative Eingebung am Ende der Welt kommt. Ich bekomme meine Antworten dann in Reimform vom Universum zurück und kann das dann mit meinen Gedichten an sie weiterreichen. Ich kann mich dem Universum in Reimform unterhalten, die antworten kommen unmittelbar in kreativer Gedankenform. Ich habe das dann schon öfter mal Mitmenschen vorgeführt, manche sind erstaunt, aber das ist nichts neues das Menschen eine solche Gabe, Fähigkeit haben. Schauen sie zum Beispiel bei Rappern oder sonstigen Künstlern funktioniert es genauso. In Drucksituationen erlangt man dann Fähigkeiten, der kreative Geist fährt sich mit aller Macht hoch. Ich muss dann manchmal selbst über mich lachen und behalte das dann lieber für mich. Was sich mir in den letzten Tagen mitgeteilt war Folgendes. Ich habe wie jedes Lebewesen, jeder Mensch große Angst zu sterben. Nach dem Tod geht man in das „Große Ganze" zurück und es fühlt sich an wie ein „Ewiger Orgasmus". Hier auf der Erde gibt es für mich davon die billige asoziale Version und eine gehobene tiefsinnige Version. Den „billigen ewigen Orgasmus" (auch das muss wohl sein, ich möchte das gar nicht so sehr abwerten) findet man im Roten Viertel, etc. und den „gehobenen tiefsinnigen ewigen Orgasmus" findet man zwischen liebenden Menschen die sich achtsam, liebevoll, ehrlich und mit viel gegenseitigem Respekt begegnen. Ich habe das mehrfach hinterfragt und meine innere Eingebung, also die Stimme aus dem aus dem „Universum" lässt immer nur eine Antwort zu. Wir gehen an einen vollkommenen Ort unendlicher Liebe zurück, es fühlt sich an wie ein „ewiger vollkommener tiefsinniger zeitloser Orgasmus". Alle Religionen beschreiben so ein absoluten Zustand nach dem Ableben. Aber dafür müssen wir hier alles loslassen, zurücklassen und damit habe ich auch so meine Schwierigkeiten. Ich möchte den Menschen etwas Tröstliches und Fröhliches hinterlassen, das man sehr lange unglaublich tapfer voranschreiten kann, wenn der Sinn und die Ziele positiv gesteckt sind. Ich weiß genau das mein irdisches Leben verwirkt ist, ich werde nie wieder normales „Wohl sein" erlangen. Allenfalls schmerzhaftes sinnhaftes Ertragen. Durch meine Bemühungen, hier ein Buch zu schreiben und ihnen meine magische Welt am Abgrund näher zu bringen finde ich immer wieder Energie weiterzumachen. Die Romanbiografie von vorher beschreibt die Geschichte des kleinen und großen Luis, wie er auf magische Weise, das oft schwierige Leben, meistert. Er bemerkt früh das er anders ist als die anderen und wird dadurch von seiner Umwelt bedrängt und eingeschüchtert. Ohne vernünftige Lebensanleitung bahnt er sich den Weg durch seine Abenteuer, er fällt unglücklicherweise durch seine Gaben und Fähigkeiten auf die Seite von Leid. Im Kleinkindalter findet er schon Gefallen und Zugang zu seiner meditativen magischen Zauberwelt, er kann sich dort immer wieder zentrieren und bekommt dort die universelle individuelle Lebensanleitung, die ihn immer mit seiner Umwelt in Konflikt bringt. Er muss oft unter großem Leidendruck schnell Antworten und Lösungen finden, um zu überleben.

Dort in seinem Zauberland777 findet er die spirituellen und realen Werkzeuge, um die Stimmung zu heben.

Nach oft sehr langen Durstperioden folgen dann doch gute Momente für die es sich zu leben lohnt. Er begegnet auch immer wieder dem Tod, mit der Zeit verändert sich seine angstbesetzte Sichtweise darauf in ein tieferes tröstliches Verständnis. Naturvölker tragen folgende Weisheit in sich:

„Das Leben macht nur durch den Tod Sinn".

Ich finde das sehr schön, wenn man das so sehen und annehmen kann, ich gebe mir mit solchen Erkenntnissen selbst Halt. In meinen Gedichten, gerade im Gedicht 080 Onkologie setzte ich das feinfühlig um. Das Gedicht „Onkologie" hat sehr viele Menschen getröstet und berührt. Ich habe es am 7.7.2019 im Krankenhaus geschrieben, als meine Diagnose Krebs und die Therapie mit zwingend erforderlichen Chemotherapie feststand. Ich hatte eine sehr gute Prognose aber im Kopf war die Schraube zu lose, wegen der schweren Depression und dem Parkinsonsyndrom. Seitdem darf ich keinen Augenblick mehr nachlassen, ich dränge mit meinen Möglichkeiten vorwärts, Richtung „Unvermeidlich" und versuche mir trotzdem meine Sinnhaftigkeit zu bewahren. Ich rücke, auch wenn ich jetzt schnell versterben sollte, nicht von der Idee ab, dass man Krebs unterstützend mit Magie mental heilen kann oder vorbeugend den Ausbruch verhindern kann.

Ich möchte hier nochmal dezent einige Unmöglichkeiten und Möglichkeiten nach außen tragen, dann hätte all der Schmerz und das Leid, das ich erfahren musste doch Sinn gemacht.

Wir wollten als junger Männer Helden sein, leider mit Gewalt, so wäre man vielleicht ein kleiner liebenswerter Held, bevor man dann doch zu Staub zerfällt.

Eine weitere magische Komponente zum Heilen bei Krebs ist der bewußte Einsatz von Zahlen. Ich habe irgendwann mit Strom im Jahr 2011 experimentiert. Ich habe immer wieder mal aus Versehen einen Kurzschluss beim Renovieren meiner Wohnung verursacht. An der Steckdose war ein Strommesser angeschlossen, es war nach dem Stromausfall immer eine lange Zahl sichtbar die nach hinten abfiel. Ich bemerkte das sich mir etwas offenbarte, das nicht rational erklärbar war. Ich schaute einige Filme über Magie und habe im Internet etwas recherchiert. Das Universum kommuniziert auch hier mit uns auf eine sehr einfache Art und Weise. Es gibt die Teufelszahl 666, die steht bekanntlich für das Unvollkommene, das habgierige Menschtier. Eine unschöne Version vom Menschen auf seiner Entwicklung zum Absoluten. Das drückt sich dann mit der Zahl 777 aus. Da wird es schnell abstrakt und beknackt beim Deuten dieser Dinge. Ich messe die Macht und Energie der Zahlen oft mit der Wünschelrute. Wenn ich das Mitmenschen zeige wie sich die Zeiger bewegen sehe ich sofort Erstaunen in den Gesichtern, es macht manchen Menschen auch Angst. Die Zahlen von 1 bis 7 stehen für Bewusstseinsstufen, angefangen von einfacher Materie bis hin zur höchsten Ausdrucksform, aktuell der Mensch.

Hier meine Deutung die auch schon mal verändere.

1 = Steine, Erde, etc.

2 = Einzeller, Plankton, etc.

3 = Gras, Bäume, etc.

4 = Pflanzenfresser, etc.

5 = Raubtiere, etc.

6 = das unvollkommene Menschenraubtier

7 = das Absolute, das Vollkommene
Es gibt weitere Zahlen die man bewusst einsetzen kann
8 = Unendlichkeit
23 = diese Zahl steht für Magier und Zauberer
77 = diese Zahl steht für das Absolute und das Schicksal
Die Magie der Zahlen ist auch in die Materie eingebucht.
Die Zahl 723 steht für den ewigen Wandel, den Tod. Im Stahl verändert sich das Gefüge bei 721 bis 723 Grad Celsius, der Stahl lässt sich dann härten, wenn man in schnell in Wasser oder Öl abkühlt, abschreckt. Der Stahl hat dann verbesserte Eigenschaften, die man anders nutzen kann. Unsere ganze Zivilisation ist auf Stahl und Zement aufgebaut. Ohne Stahl gäbe es keine großen Menschenansammlungen. Ich habe Magier gesehen die bewusst diese Zahl 723 eingesetzt haben, um für einen Moment auf die andre Seite zu gelangen. Man darf sich dort nicht zu lange aufhalten, weil man ansonsten nicht mehr zurück in diese Welt zurückfindet, so deren Aussage. Ich besetze Menschen, die mir nah sind mit einer dreistelligen Zahl und ich bekomme dann die entsprechenden Antworten. Ich bestelle etwas bei Amazon oder bearbeite Bilder auf dem PC und in die Nummern und Daten sind dann in diese personalisierten Zahlen eingebucht. Ich habe mir selbst die Zahl 732 zugeordnet und mich einige Male erschrocken, das sie so oft aufgetaucht ist, wenn etwas im Zusammenhang mit mir stand.
Also jeder kann sich da ausprobieren und schauen was passiert, wenn man auf diese Art und Weise mit dem Universum Kontakt aufnimmt. Aber bitte nicht rein steigern, einfach wahrnehmen und auch mit dem Verstand überprüfen. Die Religionen dieser Welt segnen und wertschätzen Dinge und Menschen nicht nur mit der geheimen Macht und Magie des Wassers, sondern auch mit Buchstaben und Zahlenfolgen, die mit einem entsprechenden Sinn belegt sind.
Ich setze gerne die 2377 ein, um eine Sache oder einen Text wertzuschätzen und mit heilender belebender Magie zu versetzen. Ich möchte dafür die Energie aus dem Universum anziehen.

Das dann man dann mit meinen drei bevorzugten spirituellen Werkzeugen sichtbar machen, die Wünschelrute aus Eisen eignet sich dafür besonders.

Schamanen und Geistheiler, etc. verwenden solche Heilmethoden ebenfalls. Sie verwenden auch die Trommel, um gute heilende Energie und Geister herbeizurufen. Ich habe in jungen Jahren, weil alle um mich so waren, leider eher die schlechten Geister herbeigerufen, die ich dann nicht mehr losgeworden bin. Bei meinem Zauberauftritt777 setze ich dieses heilende belebende Trommeln ebenfalls ein. Ich habe im Jahr 1998 Nachbarkindern im Alter von 2 bis 4 Jahren mehrere Trommeln gebaut. Die Kinder konnten gar nicht genug davon bekommen sich mal laut mitzuteilen. Die Freude war übergroß, aber nicht unbedingt bei den Nachbarn. Über Wochen haben wir dann mehrmals am Tag für fünf Minuten rumgetrommelt. Ich kann mich noch gut an die fröhlichen und überglücklichen Kindergesichter erinnern. Bewusst eingesetzt kann man sich in der Natur oder zuhause mit heilender magischer Energie aufladen. Aber bitte nicht übertreiben, nehmt Rücksicht auf eure Nachbarn, wenn ihr euch auch mal ausprobieren wollt, oder geht in den Wald.

Es gibt Energiezentren die Chakras und die entsprechenden Heiler dazu. Ich habe ein sehr starkes Energiezentrum in meinen Händen. Ich zeige das auf meiner Webseite, ich bewege damit die Einhandrute sehr schnell und so stark, dass sie zerstört werden würde, wenn ich meine Hand nicht zurückziehen würde. Ich nutze dieses Energiezentrum in meiner Hand, um Dinge positiv zu informieren oder um Information abzugreifen. Ich kann damit beleben und heilen, auch wenn ich selbst schwer krank bin. Ich habe mal etwas Schönes gelesen und ich denke das trifft bei mir zu:

„Diejenigen die selbst schwer verletzt worden sind, haben die größte Fähigkeit zu heilen".

Eine Sozialarbeiterin sagte vor kurzem zur: „Herr Spiegl sie sind so ein richtiger Menschenretter". Aber es ist auch ganz klar nach all dem was ich erlebt habe trage ich auch das Gegenteil von Retten, das

Zerstören in mir. Ich kann auch heute noch entgegen meinem sanftmütigen liebevollen verständnisvollen Wesen richtig zornig und bösartig wie mein Tumor werden, raube mir dabei selbst und den Menschen, die mir nah stehen die heilende positiv besetzte magische Energie. Die Verletzungen, Demütigungen und Trauma aus der Vergangenheit brechen dann immer wieder durch. Ich finde oft einfach keinen innern wie äußern Frieden, es dauert dann eine ganze Weile, bis ich mich wieder friedlich stimmen kann und werde dann meinen eigenen hohen Ansprüchen von Wahrheit, Gerechtigkeit, Freiheit, Liebe, Magie nicht gerecht. Wenn ich mich mitteilen kann, ich Kompromisse und Vertrauen in meinem Umfeld finde kann ich mich gut runterfahren. Die Menschen müssen im vernünftigem liebevollem Dialog bleiben, wachsam sein und sich gegenseitig kümmern, beschützen und bemühen. Ich wünsche mir immer das es in meiner Umwelt harmonisch bleibt und ich, wenn es soweit ist in Frieden gehen kann. Das Schreiben und Zaubern habe dann ab dem Jahr 2015 als Medium gefunden, um mich noch einmal mitzuteilen. Ohne meine schwere Erkrankung hätte ich nie zu diesen, ich denke doch sehr ansprechenden spannenden Ideen gefunden. Das Konzept „ZauberBastelGedichteQuatsch" ist denke ich gelungen, weil man damit auf eine sehr einfache Art und Weise Menschen beleben und glücklich machen kann. Es sind schöne Ideen, die zum Selbermachen und Selbstausprobieren einladen. Ich mache um diese Dinge keine Geheimnistuerei, entscheiden sie selbst was sie anspricht und ob das hier von mir erdachte und vorgedachte Sinn macht. Mir geht es auch nicht um Wichtigtuerei, sondern um individuelle Lösungen bei der „magischen" Krankheits- oder Lebensbewältigung. Ich erfinde auch nicht unbedingt etwas ganz Neues, es sind vielmehr viele Information und Wissen, Erfahrungen, die ich über mein ganzes Leben zusammengetragen habe und ich stelle es ihnen jetzt zur Verfügung. Die Botschaft, Schlussfolgerung, die man aus all den Ideen ableiten kann, dass wir nach unserem irdischen Dasein in einen Zustand von einem „Ewigen Orgasmus" übergehen ist vielleicht abenteuerlich aber auch natürlich sehr tröstlich. Wenn man, so wie es mir passiert ist, brutal auf sich zurückgeworfen wird dann dreht sich die Uhr schon mal andersherum. Entschuldigung ich wiederhole mich öfter, ich tue mir schwer mit dem Schreiben, weil ich mich nicht mehr so gut konzentrieren kann, bitte sehen sie mir das nach, es geht hier wie gesagt um das Weitergeben von Wissen, Erfahrung und Informationen. Ich möchte lediglich meinen positiven Beitrag zum kollektiven Bewusstsein beitragen.

Das was in einem vorgeht bewegt sich auch außerhalb von uns und das kann man sehr deutlich wahrnehmen. Einfach in einer ruhigen Stunde das „was uns antreibt", das Universum ansprechen, die Antwort wird so manchen zerbrechen. Ich habe von mehreren Menschen gesagt bekommen, die Antwort kommt bei ihnen ebenfalls unmittelbar. Es gibt Menschen, die sagen dann, so etwas kann es nicht geben oder du beziehst alles auf dich. Das ist doch eine Psychose, Schraube lose. Von wegen Genie, das ist doch Schizophrenie. Wir leben in einer technisch wissenschaftlichen materialistischen Welt, da haben der „vernünftige" Umgang mit dem Tod und Sinnfragen leider keinen Platz. Unumstößliche Antworten werden zu schnell gegeben, wir sollten mehr hinterfragen. Mit dem Universum dezent in Kontakt treten, dafür wird man in Psychiatrien weltweit gestorben.

Es gibt die Möglichkeit weitere Antworten, Heilimpulse zu finden, indem man das Chaos befeuert. Nachdem es den Zufall nicht gibt, und schon gar nicht den zufälligen Zufall, kann man Dinge oder Texte chaotisch anordnen. Verändert sich etwas, wird die Aufmerksamkeit auf etwas gelenkt, kann man die eine oder andere Deutung zulassen, Schamanen bedienen sich solcher Elemente. Ich überprüfe diese Dinge, wenn sie mir auffallen, ob das etwas mit mir zu tun haben könnte und hinterfrage das auch mit dem Werkzeug Verstand.

Ich schaue wie Mitmenschen darauf reagieren und höre auf meine innere Stimme. Diese Antworten und Wahrnehmungen können erstaunlich präzise sein, helfen bei der Krankheitsbewältigung seine

Grenzen auszuloten oder was man ansonsten so hinterfragen möchte. Bekommt man die eine oder andre unangenehme Antwort hinterfragt man die Dinge in der realen Welt und zieht die entsprechenden Konsequenzen daraus. Ich ertappe mich auch oft dabei, wenn ich anderen gute Ratschläge erteile und dann doch unfähig bin meine eigenen Angelegenheiten gut zu regeln.

Dieses Buch habe ich auch nicht besonders gut geplant, ich schaue einfach was da so kommt und reiche es an sie weiter. In dem Unterrichtsfach Deutsch war ich auch nie so gut, also entschuldigen sie bitte nochmal, wenn es hier mal irgendwo hängt. Ich schreibe überwiegend im Liegen, weil ich nicht mehr so lange sitzen kann. Mir fehlt manchmal die Motivation weiter zu schreiben wegen der Schmerzen und der permanenten Angst, ich kann die Dinge in meinem Leben nicht ungeschehen machen, aber ich kann vielleicht mit meinem Wissen und der ein oder anderen Information helfen Schaden von Menschen abzuwenden. Das ist immer wieder mein innigster Wunsch und das seit meiner Kindheit. In einer solchen furchteinflößenden Zeit mit dem COVID-19 Virus finden sich oft keine guten Wegweiser. Die Menschen werden noch mehr zwanghaft in Angst gehalten, sollen nur funktionieren und finden sich dann selbst einsam irgendwo krank wieder. Die Gesellschaft ist von Drogen wie Alkohol regelrecht unterwandert, wir nehmen dieses unnötige Leid, das sich daraus ergibt, einfach ignorant hin. Die Droge Alkohol der ich auch schon verfallen war wird bagatellisiert und verharmlost.

Schon ein Glas Bier beschädigt unser Gehirn dauerhaft. Alkohol ist „verdorbenes faules Wasser". Und so denken und benehmen sich dann auch die Menschen. Der Alkohol schmeckt nur dem Kopf und macht sehr schnell süchtig. Ich habe schon in jungen Jahren gelernt, natürlich durch meine Erkrankung bedingt, dass ich auch ohne Trinken Lachen und fröhlich sein kann. Ich kann jungen Menschen nur empfehlen, Finger weg von Alkohol und sonstigen Drogen.

Es ist unglaublich schwer Mitmenschen zu finden die nicht doch nach irgendetwas tüchtig süchtig sind. Ich finde es unglaublich schade, dass gerade Jugendliche ihre Gesundheit so unwiederbringlich wegwerfen. Ich denke „Party machen" geht auch ohne Drogen jeglicher Art. Im Krankenhaus sagte mir ein Onkologe das genügend Aufklärung betrieben wird. Ich verneinte das sofort, wo kommen dann die Millionen Süchtigen her war sofort meine Gegenfrage. In den Schulen müsste es ein Schulfach geben, zum Beispiel „Vernünftige gesunde Lebensführung", „Suchtbewältigung", etc. Ich würde heute solche Orte meiden an denen Alkohol, etc. mit einer Selbstverständlichkeit konsumiert wird, hinterher ist man immer auf Dauer schlauer. Also bitte nicht aufgeben, wenn man mal in den falschen Kreisen verkehrt, es finden sich auch immer wieder positiv eingestellte Zeitgenossen. Bewahrt euch ein gutes Lebensgefühl, euere Gesundheit und die entsprechende Sinnhaftigkeit, die liegt ganz gewiss nicht im Konsumieren von Drogen jeglicher Art.

Lasst euch bitte helfen, wenn es mal nicht so läuft.

Ein „Entwaffnendes Lächeln" ist ebenso ein guter Heiler. Als ich im Juli 2019 das erste Mal im Krankenhaus in Köln-Nippes angekommen war, hatte ich kaum noch eine Außenwahrnehmung. Das Personal welches sehr um mich bemüht war, trotz der Überarbeitung in der Onkologie, lächelte, vor allem die netten Schwestern. Ich war jahrelang völlig von Menschen isoliert und erkannte sofort, wie wertvoll und heilsam es sein kann, wenn sich Menschen mit einem Lächeln begegnen. Wird irgendwo das entwaffnendes Lächeln nicht erwidert, dann verlasse ich solche Orte und Menschen sehr schnell. Leider entfällt diese magische Geste in Zeiten von Corona, das ist unglaublich schade, ich hoffe das ändert sich noch einmal vor allem für unsre Kinder. Jeder Erwachsene sollte ein positives entwaffnendes Lächeln unterscheiden können, unsre Kinder können das instinktiv, es wird ihnen leider aberzogen.

Ein Tag im Krankenhaus, es sind ja alles Notfallkrankenhäuser, kostet 500,-€. Der technische Aufwand, der da betrieben wird, ist immens, die sehr anstrengenden Untersuchungen sind immer sehr stark angstbesetzt. Man kann mit den technischen Messinstrumenten fast alles analysieren, erfassen. Es gibt leider kein Gerät, um Angst zu messen. Die Menschen werden mit ihren Ängsten alleine gelassen. Die Angst befeuert die Erkrankungen. Die Prognosen, die dann dort gestellt werden, sind oft genauso abenteuerlich wie der vorgedachte „Käse" von mir.

Ich habe in meinem ersten Buch „Ein Gedichtband aus dem Zauberland" das Gedicht 062 „Das Lachen" geschrieben. Es ist eines meiner schönsten sinnhaftesten Gedichte, ich habe es einige hundert Male verschenkt oder versendet. Ich war einige Male sehr erschrocken wie extrem die Menschen auf so eine Seite Din A 4 anspringen. Wenn ich meine Gedichte schreibe wünsche ich mir zu einem Thema die entsprechende innere Eingebung und nach einigen Tagen ist es dann da, ich kann innerhalb von 30 bis 40 Minuten das handgeschriebene Original in die Sichtbarkeit bringen. Wenn ich zu schreiben anfange weiß ich oben nicht was unten herauskommt. Es wird mir vom Universum geradezu ins Ohr geflüstert, das Geschriebene generiert sich aus meinem Wissen, meiner Erfahrung, meiner Weisheiten, die ich mein ganzes Leben über angesammelt habe. Ich denke es macht Sinn den Versuch zu unternehmen den einen oder anderen Gedanken, auch wenn es schon mal wie hier in diesem Buch „Ewiger Orgasmus" absurd wird, zu teilen. Ich habe neben mir im Krankenhaus einige Menschen zu Staub zerfallen sehen und hören, ich lag hilflos daneben. Es gab dort einige sehr ansprechende Begegnungen mit anderen Künstler und Schriftstellern, etc. Diese waren sehr inspirierend für mich, ich wollte oft aufgeben, weil alles so schmerzhaft, furchteinflößend und aussichtslos war. Es war sehr interessant zu hören wie die andren Patienten mit ihrer Erkrankung umgehen. Ein freundliches Lachen war auch da ein guter Helfer. Durch meine Parkinsonerkrankung bin ich zu 90 bis 95 Prozent gerade hüftabwärts gelähmt. Also lag ich da mitten im Hochsommer hilflos in meinem hochmodernen Krankenbett. Bei 40 Grad plus, neben mir ein Mann mit Mundfäule, die Zunge mehrfach abgeschnitten. Der arme Kerl konnte nur Lallen und kam mir da oft sehr nahe, so dass ich verstehen konnte was er sagt.

Der übelriechende Atem verteilte sich im ganzen Zimmer, in dem ich lag, ich war permanent am Kämpfen, das ich nicht das Bewusstsein verliere. Mir war klar, dass diese extreme Schmerz, die Schwere in meinem Körper, die erdrückende Angst, bis an dem Tag, an dem ich gehe, nicht mehr abreisen wird. Ich konnte mich vier Tage nicht mehr waschen, das Personal war überfordert. Keine Zeit für ein paar Minuten nach dem Rechten zu sehen. Man war brutal alleine auf sich zurückgeworfen. Der üble Verwesungsgeruch mit meinem strengen Körpergeruch verteilte sich über den Flur, bis dann eine Schwester eine Duftkerze mit Orange auf den Tisch stellte, erst jetzt realisierte ich meine hoffnungslose Situation richtig. So riecht dann wohl der Himmel, oder war ich der Hölle. Ich flüchtete mich immer wieder in mein Zauberland777 und stellte mich auf diesen fiesen Endkampf ein. Das magische Visualisieren und Wünschen überdeckte meinen unerträglichen Weltschmerz und ich erlaubte mir mit dem Personal den ein oder andren lustigen Schmerz. Ich versorgte alle Menschen, die mir sympathisch waren mit Scherzartikeln oder mit meinen wunderschönen kreativen Bastelsachen, ich wollte so viele Menschen wie nur irgendwie möglich glücklich machen, ein liebenswertes Dankeschön der Extraklasse reichen. Der Schockschmetterling war der am meisten begehrte Spaß, gefolgt von meinem Zauberstab, aus dem man ein Licht Zaubern kann. Mein altbewährter Spruch: „Immer, wenn du denkst es geht nicht mehr kommt von irgendwo ein Lichtlein her." Es war immer sehr tröstlich und belebend. In den Krankenhäusern wird das liebevolle Kümmern um eine Einzelperson vernachlässigt, die Wissenschaft ist so bedrohlich hochgefahren das Wesentliche zwischenmenschliche Dinge fast völlig außer Acht gelassen werden. Zum Leitwesen der Patienten und Angehörigen. Als ich von meiner Krebserkrankung erfuhr, habe ich sofort um Sterbehilfe gebeten, es wurde verneint. Mit einer hohen Dosis Chemotherapie kann man weggeballert werden, aber ein fairer liebevoller Abgang wird einem selbst bedauerlicherweise traurigerweise verweigert. Aber das Werkzeug Sterbehilfe, den auch schon mal hochgradig kriminell agierenden Ärzten (Die Schulmedizin muss mit ihrer Profitgier am Laufen gehalten werden, man versucht Dinge zu erzwingen, nach dem Motto: „Was es nicht geben darf gibt es auch nicht") an die Hand zu geben ist genauso bedenklich. Mit so harten Entscheidungen, die dann ganz schnell irgendwann anstehen, ist man dann total überfordert. Man möchte das alles nur noch irgendwie aufhört. Es macht nur solange Sinn, wie es Sinn macht. Durch mein Angsttrauma sterbe ich seit dreißig Jahren alleine vor mich hin, ich hätte mir gewünscht, dass zwei bis drei Wochen ausreichen würden, um in die nächste Welt überzugehen.

Natürlich haben sich daraus Möglichkeiten ergeben, man konnte viele Perspektiven einzunehmen, vielen Menschen zu begegnen.

Ich durfte den kreativen Weg einschlagen, und bin immer noch bereit jeden mir auferlegten Schmerz auf mich zu nehmen, um die Welt im Kleinen zu verbessern. So langsam wird das Eis für mich immer dünner, mal schauen sich weiter was trauen. Ich brauche hier an der Stelle kein Mitleid, ein bisschen mitfühlen wäre nett, irgendwann kommt jeder dran, vielleicht fühlt ihr jetzt schon für euch selbst mit. Eine weitere magische Möglichkeit, um Selbstheilung anzustoßen liegt im Zauber „FeuerErdeWasserLuft", man schreibt auf vier Zettel einen positiven Wunsch, eine positive Visualisierung. Es kann auch gedruckt sein, z.B. mit Fotos wie ich das schon mal auf meinem PC herstelle, natürlich mit meinem Zauberlogo EMuS. Danach kann man das Geschriebene an das Element Feuer übergeben und verbrennt alles bis nur noch Asche vorhanden ist.

An die Erde wird der Wunsch dann mit dem Einpflanzen, am besten neben einer Blume weitergegeben. Blumen sollen die gesprächigsten Wesen im Universum sein, der Wunsch wird dann laut erfahrener Magier im Universum telepathisch weitergereicht und damit die entsprechende Energie erzeugt, dass sich der Wunsch erfüllt.

Der Samen ist dann gepflanzt im Universum. Ein schöner Gedanke ist auch das sich ein Samen vollständig zerstören, auflösen muss, um eine Blume entstehen zu lassen. Ich nehme dann nach dem Einpflanzen neben einer Blume oder einem Samen ein bisschen Erde nebendran weg. Gebe es zu der Asche hinzu.

Mit dem Symbol EMuS erzeuge ich ein „heilendes magisches Hunderttausendwasser", einfach durch das Zulassen der bewussten geistigen Verknüpfung zwischen Wasser und unserem Denken, unseren Gefühlen. Eventuell das Wasser aus einem Bach oder Fluss entnehmen oder selbst einen Wassertornado mittels Adapter erzeugen. Asche, Erde und Wasser sind jetzt vermischt.

Jetzt fehlt noch das Element Luft, ich benutze hierfür meine Idee mit dem Wunschluftballon der drei bis vier Kilometer in die Atmosphäre aufsteigt. Ich nehme hierfür den vierten Zettel mit Wunsch und gebe ihn in das Gemisch von „FeuerErdeWasser". Der Luftballon steigt dann auf mit allen vier Elementen, ich habe das ein paar Mal gemacht und konnte damit, wenn es denn so war, fühlbar positive Veränderung in meinem Leben bewirken.

Letzen Endes ist das eine Spielerei, es kann sein, muss aber nicht. Um den Zauber noch zu verstärken, setzt man Körpermagie (Haare, etc.) ein, danach Blutmagie (Tropfen Blut), als Letztes Sexualmagie (Tropfen Liebe) und gibt die Information ebenfalls in Wasser, welches man dann zum beleben und wünschen einsetzt. Wenn ich solche Sachen beschreibe, deute werde ich oft belächelt und nicht ernst genommen. Solche Dinge haben Einfluss, es ist aber klar, dass man auch etwas in der realen Welt unternehmen muss und diese Wünsche, etc. umzusetzen. Ein Freund sagte mir früher mal: „Thomas, wenn es mal nicht so gut läuft dann mache einfach weiter, egal was passiert, bis es dann wieder besser wird". Ich habe damals sofort den Wert dieser Aussage erkannt, sie lässt kein „Nein" zu. In schweren Stunden könnte man Gedanken und Handlungen solch beschriebenen magischen Komponenten unterwerfen, einfach schauen was dann eventuell positiv passiert, ohne gleich zu übertreiben. Bitte lasst Vorsicht mit solchen Dingen walten, ansonsten wird es schnell blöd.

Diese Welt braucht dringend positive Impulse, Schwachsinn der besonderen Art gibt schon genug.
Besetzt die Dinge bitte mit Liebe, verhaltet euch anständig, respektvoll und seit mal mutig etwas anderes zuzulassen.
Verteidigt die Wahrheitsfindung, Gerechtigkeit und den „Freien Willen" aus dem Universum. Bewahrt eure Fröhlichkeit und eine positive besetzte Sinnhaftigkeit.

Vielen lieben Dank für ihre Aufmerksamkeit
Dieses zweite Buch
„Ewiger Orgasmus"
ist genauso wie mein erstes Buch
„Ein Gedichtband aus dem Zauberland"
meiner „Königin Johanna" in Dankbarkeit und Liebe gewidmet.
Sie war in den letzten Jahren nah bei mir als niemand mehr für mich da sein wollte. Hier für Dich liebe Johanna ein Stück geschriebene Ewigkeit in der Unendlichkeit, die meine und deine Seele befreit.

Thomas Spiegl, Zauberer Momek

Ihr lieben guten Geister eilt herbei
und gebt bitte die nächsten Lottozahlen frei
tretet in unsere Gegenwart
aber bitte ganz ruhig und zart
ihr guten Geister gebt uns ein Zeichen
das Böse muss unbedingt weichen
Wir wünschen ein eigenes Haus und Heim
dabei entsteht der ein oder andere belebende Reim
das Zauberlottogeld wird gut angelegt
auf das es viele Kinderherzen bewegt
also ihr guten Geister helft fleißig mit
bei jedem Schritt und Tritt   106
für Wahrheitsfindung, Gerechtigkeit, schickt uns das viele Geld
es findet sich bestimmt der eine oder andere Zauberheld
schickt uns unsere lieben Kinder vorbei
entfacht die belebende magische Zauberei
lasst uns gesund und munter bleiben
und jeden kommenden Tag unterschreiben

Ich bin eine wunderschöne Frau
wenn ich vor den Spiegel trete sehe ich es genau
ich nehme mich wie ich bin
emotional besetzte Dinge machen für mich Sinn
Materielle Dinge lassen mich ab einem gewissen Punkt kalt
bei meinen Lieben finde ich Trost und Halt
ich altere in Anstand und Würde
ich akzeptiere jede mir auferlegte Bürde
ich verfalle keinem Schönheitswahn
damit wird nur wertvolle Lebenszeit vertan
Ich habe eine tolle fröhliche Ausstrahlung
sie bringt Alt wie Jung positiv in Schwung
in mir wohnt Ruhe und Zufriedenheit
ich nehme mir für entspannende belebende Sachen gerne Zeit
ich bin eine reife begehrenswerte Frau
einfach liebenswert klug und schlau
das Glück wird mit holt sein   107
ich schenke allen reinen Wein ein
ich bin ein hell leuchtender Himmelsstern
alle Freunde und Bekannten haben mich gern
mein Leben verläuft wie dieses schöne Gedicht
ich schicke allen ein herzliches vitalisiertes Lebenslicht
ihr guten Geister bleibt mir treu
ich gestaltete meine Welt tiefsinnig neu

Allerliebste Johanna, Du wirst heute zum 11 mal 35 Jahr`

meine süße Schönheit mit dem blond glänzendem Haar

Deine Wünsche sollen sich alle erfüllen

ich setze Dir ein Denkmal zum Enthüllen

bleib` weiterhin Königin, Göttin

Du bist in jedem Fall ein, mein Hauptgewinn

lass` die Geburtstagparty steigen

die Welt soll sich vor Dir verneigen

drei gesunde Kinder hast Du in diese Welt geboren

Du bist für etwas Besonderes auserkoren

ich wünsche Dir noch viele gesunde bunte Jahre

entscheide Dich soweit es geht immer für das fühlbar Wahre

ich wünsche Dir tiefe innere Zufriedenheit

nimm` Dir für die fröhlichen liebenswerten Sachen Zeit

meine Reime und Gedichte langweilen Dich hoffentlich noch nicht

Du bist und bleibst mein liebenswertes Lebenslicht

viele Menschen werden in Deinem Leben noch kommen und gehen

tapfer und mutig wirst Du wie immer alle Abenteuer bestehen

Lass´ die Geburtstagsböller krachen   108

aber bitte mit viel herzlichem Lachen

ich wünsche Dir Geduld und Achtsamkeit

materiellen Reichtum der die Seele befreit

hier Dein virtueller Gedichtblumenstrauß

bald lebst Du in Saus und Braus

lass´ uns den Geburtstagskuchen versuchen

und Deine Reise ins Glück buchen

Du bist und bleibst eine wunderschöne Frau

einfach woooohhh

Königin Asia nur Dich kann ich lieben

alle guten Geister haben es mit unterschrieben

der Muttertag, die Mutter und Mutterschaft ehren
in Dankbarkeit einen schönen besinnlichen Tag bescheren
die Mutter für ihre Leistung belohnen
man verwöhnt sie, sie soll sich schonen
jetzt sind mal die anderen dran
groß wie klein, jeder wie er kann
die Kleinen malen ein schönes Bild
während die gute Mama chillt
die Großen müssen ebenso das Muttertier verwöhnen
mit Wellness, netten Geschenken, etwas tiefsinnig Schönen
die Männer müssen zur Seite treten, sich verneigen
einfach mal dienen und schweigen
die Männer müssen sich unterwerfen
und ihre Sinne für das Wesentliche schärfen
Mutter sein heißt die Welt mit dem Herzen begreifen
und mit dem Nachwuchs beständig reifen
Mutter sein beinhaltet Geduld, Verständnis und Weitsicht
auf das kein Kind an liebloser Vernachlässigung zerbricht
die Mutter einfach lieb haben und wertschätzen
auch nach so manchem unnötigen Verletzen
der Ehrentag soll allen Freude bereiten
wenn sie ihre Mama auf den Mutterthron begleiten
Mütter wollen von Natur aus gerecht sein
helft ihnen Wahrheit sprechen damit findet sich Liebe ein
seit Menschengedenken   109
überhäuft man die Mütter zurecht mit schönen Geschenken
selbst in der Antike gab es den Kult und Brauch
wir feiern ihn seit über hundert Jahren auch
auf Erden ist es ein Kommen und Gehen
ohne Mütter könnte die Menschheit nicht bestehen
die schönsten Muttertiere auf Erden sind die Frauen
bitte mal am Ehrentag bei Muttern vorbeischauen
beschert ihnen einen magischen Moment
auf das man ihren Namen noch in tausend Jahren nennt

der Gemeinschaftssinn
ist doch für alle ein Gewinn
die Bereitschaft sich für das Gemeinwohl einzusetzen
sich friedlich mit Gleichgesinnten vernetzen
Solidarität kann man nicht erzwingen
irgendwie freiwillig sollte es gelingen
individuelle positive Zeitgeister sollten sich vereinen
als Gegenpol zu all dem Gemeinen
beim Teilen wird es nicht weniger sondern nach einer Weile mehr
ansonsten bleiben irgendwann bald alle Teller leer
auf Luxus und unnützes verzichten
den Blick auf das Wesentliche richten
einseitig angehäufter Reichtum beleidigt die arme Welt
man kann es nicht essen, das unsinnig angehäufte Geld
das Leben will gelebt werden, es besteht nicht aus Gieren und Geiern
es langweilt das überhebliche „Geschäftemachenleiern"
eines Tages kommt die Wahrheit doch ans Licht
es scheint leider kein belebendes kollektives Ereignis in Sicht
was nützen all die Wissenschaft und Geldgelehrten
die Natur wird sie anklagen, diese teuflischen Weggefährten
die Geldverteiler können Gemeinschaftssinn schaffen
es ist für alle mehrfach genug da, wir müssen nicht raffen
einen nachhaltigen Sinn propagieren
mit Egoismus und zügelloser Selbstsucht werden wir verlieren
die Menschheit positiv stimmen   110
wir befinden kurz vor dem schlimmsten Schlimmen
versagt die Gemeinschaft, schafft euere „eigene Wohlseinoase"
glaubt nicht jeder unsolidarischen Frase

Ewiger Orgasmus
Wahrheit, Fantasie oder esoterischer Stuss?
was wissen wir über das Leben nach dem Tod?
darüber nachdenken, ein gesellschaftliches Verbot?
Wenn wir die unumstößliche Grenze überschreiten
wer oder was wird uns dahin begleiten?
es ist noch keiner zurückgekommen, hat sich beschwert
und das schmerzhafte Ableben verwehrt
die Wissenschaft stellt das Leben als zufälligen Zufall dar
die einfältigen Antworten reichen nicht aus, jedem Kind ist das klar
das Universum besteht aus Informationen und Energie
geheimnisvoll, wie von Zauberhand wandelt sich alles mit Magie
wir können noch so viele Fragen fragen
keine annehmbare Antwort in Sicht, wir versagen
die Religionen ängstigen mit ihrer zwanghaften Weltsicht
vom unbarmherzigen Jüngsten Gericht
wir sind dem Großen und Ganzen vorübergehend entschwunden
und werden vielleicht wieder woanders erneut entbunden
wie uns gibt es den einzelnen Tropfen im Meer nicht
diese Erkenntnis bringt hinter die Sache Licht
in Anbetracht von Raum und Zeit   111
müssen wir uns fügen, sind wir dann doch irgendwann zum Abtreten bereit
leider müssen wir unsere Lieben hinter uns lassen
im nächsten Moment bekommen wir sie doch wieder zu fassen
es geht um Energiefelder die in Beziehung zueinander stehen
nichts und niemand kann vergehen
wir bewegen uns im ewigen Bewusstseinwandel
ein verborgener universeller wohltuender Seelenhandel
es erwartet uns ein „Ewiger Moment unendlicher Schönheit"
ich hoffe ihr seid dafür bereit

Die tägliche Seelenhygiene, unser Gewissen
das lassen wir leider allzu oft vermissen
abends vor dem Spiegel stehen
welche Abenteuer musste ich heute wieder bestehen?
Mein Spiegelbild schaut zufrieden zurück
ich bin gesund, müde und schätze mein Daseinsglück
kann ich mich mit einem guten Gefühl betten?
War ich heute jemand von den verständnisvollen Netten?
Habe ich den Mitmenschen die Hand gereicht?
Fiel mir meine Aufgabe, meine Arbeit leicht?
Meine Lieben sind mir unendlich wichtig
ich verhalte mich gerecht, ehrlich, einfach richtig
Ich achte auf meinen Körper, meine Ernährung
ansonsten gibt es eine schöne Bescherung
einfach nur oberflächlich stylen und waschen reicht nicht
das Bauchgefühl stärken gehört zur täglichen Pflicht
Wichtigtuerei, Machtmissbrauch, Gleichgültigkeit angreifen
112 bitte nicht emotional verrohen, versteifen
Vielleicht noch ein gemütliches friedliches Beisammensein
man wiegt sich zufrieden in den Schlaf hinein
sich seinen Wachträumen hingeben
sich motivieren, sich für morgen beleben
beim Schlafen, Träumen Energie und Kraft tanken
sich für das geheimnisvolle tolle Leben bedanken
sich und diese Welt niemals aufgeben
positiv gestimmt vorwärts mit Liebe streben